Gary Smalley

mit Greg Smalley + Michael Smalley + Robert S. Paul

Beziehungen

Was sie schwierig macht

Wie sie gelingen

BRUNNEN

VERLAG GIESSEN · BASEL

Die Originalausgabe erschien unter dem Titel:
The DNA of Relationships.

Übersetzung aus dem Amerikanischen: Antje Gerner
Lektorat: Renate Hübsch

Namen und Details von Beispielsituationen in diesem Buch wurden geändert, um die Privatsphäre der Beteiligten zu schützen.

www.brunnen-verlag.de
Umschlagmotiv: Corbis, Düsseldorf
Umschlaggestaltung: Sabine Schweda
Satz: Die Feder GmbH, Wetzlar
Herstellung: St.-Johannis-Druckerei, Lahr
ISBN 978-3-7655-1410-4

Dieses Buch ist den drei weiteren Mitgliedern des Smalley Relationship Revolution Team gewidmet:

DR. GREG SMALLEY

Er hat nicht nur viel Expertenwissen zusammengestellt, damit die Ideen für dieses Buch umgesetzt werden konnten, sondern er hat auch die letzte Version entscheidend geprägt. Ohne seine Unterstützung wäre dieses Buch nicht möglich gewesen.

BOB PAUL

Er hat in seinen Ehe- und Partnerschaftsseminaren viele der hier enthaltenen Konzepte entwickelt.

MICHAEL SMALLEY

Er gab mir eine dreifache Hilfe: Unterstützung bei der Entstehung dieses Buches, eine Niere, die er für mich spendete, und schließlich den Kontakt zu Alive Communications und Tyndale House, der mich hoffen lässt, dass meine Träume für die nächsten zwanzig Jahre noch Wirklichkeit werden können.

Inhalt

Teil 1
Der erste Schritt

Kapitel 1

Das Leben dreht sich um Beziehungen

Das Leben dreht sich um Beziehungen;
alles andere sind Nebensächlichkeiten.
Das ist die entscheidende Wahrheit.
Alles, was im Leben wirklich Bedeutung hat,
ist eine Frage von Beziehungen.

Fast alles, was wir tun, hat Auswirkungen auf unsere Beziehungen. Denken Sie nur einmal daran, wie Ihr Tag verläuft. Ob Sie zu Hause oder im Büro sind, ob Sie Auto fahren, spielen, Sport treiben, einkaufen, Staub saugen, beten oder sonst irgendetwas tun – fast immer haben Sie dabei auch mit Menschen zu tun. Selbst im Schlaf interagieren wir noch mit anderen. Es ist unmöglich, ohne Beziehungen zu leben.

Ob wir uns glücklich oder unglücklich fühlen, hängt in hohem Maß davon ab, ob wir erfüllende und bereichernde Beziehungen erleben oder nicht. Der meiste Kummer dieser Welt ist der Kummer über schwierige, belastete oder zerbrochene Beziehungen. Oder über fehlende Beziehungen. Menschen sind nicht für die einsame Insel geschaffen. Wir brauchen einander. Ohne eine vertraute, nahe und vertrauensvolle Beziehung zu zumindest einigen Menschen werden wir krank. Wo aber jemand in Beziehungen lebt, die ihm Geborgenheit, Zugehörigkeit und auch Herausforderung bieten, kann er „über sich selbst hinauswachsen“. Da werden Kräfte frei, die sich nicht nur für den Einzelnen positiv auswirken, sondern auch das Umfeld dieses Menschen zum Guten verändern können. Die Qualität unserer Beziehungen entscheidet in hohem Maß darüber, wie glücklich und zufrieden wir sind.

Die Beziehungskrise unserer Gesellschaft

Das Leben dreht sich um Beziehungen. Aber: Unsere Gesellschaft ist eine beziehungsfeindliche Gesellschaft geworden. Wir haben eine Beziehungskrise – in gesellschaftlichem Ausmaß. Und das ist keine abstrakte statistische Wahrheit. In irgendeiner Form betrifft sie die meisten von uns direkt:

- Freundschaften, die jahrzehntelang bestanden haben, zerbrechen (meist über Kleinigkeiten).
- Kinder fühlen sich vernachlässigt, weil Eltern immer weniger Zeit mit ihnen verbringen.
- Die „Halbwertszeit" für Partnerschaften sinkt ständig.
- Scheidungen gehören schon fast zur Normalität.
- Alte Menschen müssen ihr Leben ohne die Einbettung in das Beziehungsnetz einer Familie oft einsam verbringen.
- Das Gespräch zwischen Eltern und heranwachsenden Kindern scheint immer schwieriger zu werden.
- Lehrer werden zunehmend als Mobbing-Opfer betrachtet statt als kompetente Gesprächspartner über zentrale Lebensfragen.
- Gemeinden zerstreiten sich unheilbar über zweitrangige Fragen. Zurück bleiben verletzte Menschen.
- …

Irgendetwas ist schiefgelaufen. Sehr schief. Wir wissen es alle. An irgendeiner Stelle erleben wir alle die Brüchigkeit von Beziehungen. Die Auswirkungen zerbrochener Beziehungen betreffen nicht nur die unmittelbar Beteiligten, sondern sind generationenübergreifend. Schaut man einmal genau hin, dann lassen sich fast alle krisenhaften Entwicklungen unserer Welt auf eines zurückführen: auf das Zusammenbrechen von Beziehungen.

Das Leben dreht sich um Beziehungen; alles andere sind Nebensächlichkeiten. Weil das so ist, weil Beziehungen den Großteil unseres Lebens ausmachen und weil sie entscheidend zu unserem Lebensglück beitragen, deshalb habe ich mich (seit nun schon fünfundzwanzig Jahren) der Aufgabe verschrieben, Paare, Einzelne und Familien dabei zu unterstützen, ihre Beziehungen zu vertiefen, zu stärken und erfolgreicher zu gestalten. Ich glaube, das ist die Aufgabe, zu der Gott mich berufen hat.

Ich habe eine Leidenschaft dafür, Menschen zu helfen, in ihren Beziehungen glücklicher zu sein. Deshalb bin ich ständig auf der Suche nach Antworten auf die Frage: Was funktioniert in Beziehungen? Und was funktioniert nicht? Ich bin ein großer Anhänger von Beziehungstheorien. Ich wende sie auf meine eigenen Beziehungen an und schätze ein, ob oder wie weit sie für mich persönlich zutreffen oder nicht. Was mich überzeugt, das gebe ich weiter.

Die Reaktionen, die ich auf meine Arbeit bekomme, sind gemischt. Ich weiß, dass der Besuch eines Seminars oder ein Buch von mir vielen Menschen wirklich geholfen hat. Aber ich weiß auch, dass meine Vorschläge nicht jedem helfen. Deshalb bin ich immer noch auf der Suche nach Hilfen, die zumindest für die Mehrheit der Menschen wirklich funktionieren.

Eine Entdeckung

Vor Kurzem habe ich auf dieser Suche eine bahnbrechende Entdeckung gemacht. Interessanterweise hatte sie sich schon längere Zeit direkt vor meinen Augen angebahnt, aber ich hatte es vorgezogen, sie zu übersehen. Sie ereignete sich in der Beratungsarbeit, die mein Sohn Greg und sein Team in unserem Beratungszentrum entwickelt hatten. Greg und sein Team hatten eine neue Art von Seminar für Paare in der Krise eingeführt, die sogenannten „Ehe-Intensiv-Tage“. In Kursen von drei oder vier Tagen arbeiteten Paare, die sich mit Gedanken an eine Trennung trugen, intensiv an ihrer Ehe. Für viele war es der „letzte Versuch“.

Ich wusste von dieser neuen Seminarform, hatte mich aber nicht sehr dafür interessiert. Nach fünf Jahren nahmen Greg und sein Team eine Auswertung dieser Arbeit vor. Und da wurde ich aufmerksam. Denn es zeigte sich, dass in über 90 Prozent der Fälle die Ehe oder Partnerschaft der teilnehmenden Paare Bestand gehabt hatte. Das war eine überwältigend hohe Erfolgsquote.

Was war das Geheimnis dieses Erfolgs? Es waren genau die Prinzipien und „Beziehungsmethoden“, um die es in diesem Buch gehen wird.

Bei der Auswertung der Kurse zeigte sich ein wiederkehrendes Muster: Dem negativen Verhalten, durch das die Partner sich gegenseitig verletzten und die Beziehung schädigten, lag ein leicht zu erkennendes Verhaltensmuster zugrunde, das sich bei vielen Paaren aufweisen ließ. Dabei ging es immer wieder um die Verhaltensweisen des Partners, die im anderen eine Art Teufelskreis von negativen Reaktionen auslösten, einen tödlichen Tanz, der die Beziehung langsam zugrunde richtete. Wann immer dieser Mechanismus sich abspielte, geschah das in vorhersagbarer, in gewisser Weise logischer Abfolge. Wir nennen ihn im Folgenden den Beziehungskiller-Blues.

Eine Aussage etwa, die auf die eine oder andere Weise von fast allen Paaren zu hören war, war der Vorwurf: „Mein Partner, meine Partnerin macht mich unglücklich. Er, sie sorgt dafür, dass ich mich klein fühle, dass ich mich nicht respektiert fühle. Ich fühle mich als Versager. Als sei ich nicht gut genug. Und ich mag es nicht, mich so klein zu fühlen. Also muss ich etwas tun, das den anderen davon abhält, mich weiter so zu verletzen.“

Und wie sahen diese Gegenmaßnahmen aus?

In den meisten Fällen war es nichts anderes als ein Verhalten, das nun wieder den anderen verletzte und so den tödlichen Tanz in eine neue Runde führte.

Neue Tanzschritte

Neben den zerstörerischen Mustern trat bei der Auswertung der Seminare aber auch noch etwas anderes zutage: eine Reihe neuer Tanzschritte, durch die es möglich war, aus dem tödlichen Rhythmus des Beziehungskiller-Blues auszusteigen. Es zeigten sich neue Muster, die eher geeignet sind, Beziehungen zu stärken und die gegenseitige Liebe zu erneuern und zu vertiefen. Aus dem Killer-Blues kann ein Beziehungs-Tango werden.

Welche Muster, welche Tanzschritte sind das?

Der neue Tanz kann erlernt werden. Meister im Beziehungs-Tango wird man, indem man die folgenden Beziehungsgesetze und -strategien kennenlernt und einübt:

- das Grundgesetz gelingender Beziehungen – unsere „Beziehungs-DNA“
- das spezifische Grundmuster des Beziehungskiller-Blues in einer bestimmten Beziehung
- fünf wirksame Tanzschritte für den Beziehungs-Tango, durch die eine Beziehung gestärkt und vertieft wird

Den allermeisten Paaren in Gregs Kursen ist es gelungen, ihre Beziehung auf ein neues, tragfähiges Fundament zu stellen, indem sie ein paar Kenntnisse über Beziehungen erworben und einige Grundprinzipien in ihrem Verhalten beherzigt haben. Es gelang ihnen, den Killer-Blues zu beenden und den Grundschritt samt Variationen für den Beziehungs-Tango zu erlernen.

Klingt das nicht ein bisschen illusorisch? Zu schön, um wahr zu sein? Oder zu sehr nach „Du-musst-bloß-die-richtige-Technik-haben“? Vielleicht. Vielleicht haben Sie Ihre Zweifel. Das ist in Ordnung. Ich möchte Sie aber dennoch ermutigen: Lassen Sie sich einmal darauf ein. Probieren Sie aus, was ich Ihnen vorstellen werde. (Aufgeben können Sie später immer noch.)

Und: Rechnen Sie damit, dass Wunder geschehen können. Wir haben es immer wieder erlebt. Denn Sie haben einen starken Verbündeten. Gott ist auf Ihrer Seite. Gott will, dass Beziehungen gelingen. Er ist brennend daran interessiert. Rechnen Sie also damit, dass er auch mit im Spiel ist, wenn Sie darangehen, Ihr Beziehungsleben – in welcher Hinsicht auch immer – zu verbessern.

Und hier kommt die gute Nachricht: Es ist leichter, als Sie vielleicht befürchten.

Ein Muster für alle Arten von Beziehungen

Die neuen Tanzschritte wurden zwar im Wesentlichen in der Arbeit mit Paaren entwickelt und bewährt. Aber sie sind universal. Sie lassen sich in jeder Beziehung anwenden. Ich selbst habe festgestellt, dass meine Beziehungen zu Freunden und zu meinen Kindern immens davon profitiert haben, dass ich anfing, diese neuen Schritte in unsere Beziehungen zu integrieren.

Wir alle wünschen uns herzliche, erfüllende, beglückende Beziehungen – sei es in der Ehe oder Partnerschaft, in der Familie, in unseren Freundschaften oder selbst am Arbeitsplatz. Und ich wünsche Ihnen von Herzen, dass Sie dieselbe Freude und neue Energie in Ihren Beziehungen finden und erleben, die ich in den letzten Jahren gefunden habe, seit ich die Schritte in die Praxis umsetze, die ich in diesem Buch vorstellen werde.

Es ist ein entscheidender Schritt, die Grundgesetze gelingender Beziehungen zu verstehen, unsere „Beziehungs-DNA“ zu entdecken, die uns von Gott mitgegeben ist. Es ist hilfreich, unsere zerstörerischen Verhaltensmuster im „Beziehungskiller-Blues“ zu erkennen, denn nur dann können wir diese Muster durchbrechen und nach einem neuen und anderen Rhythmus zu tanzen beginnen. Es ist aufregend, die neuen Tanzschritte zu erlernen, die den Blues in einen Tango verwandeln, die Beziehung vertiefen statt belasten. Auf dieser Entdeckungsreise zu neuen Beziehungshorizonten werden Sie einige Stationen passieren:

- Sie werden *die Macht des Einzelnen* kennenlernen. Sie werden lernen, in allen Ihren Beziehungen die Verantwortung für sich selbst zu übernehmen. Das schließt die Fähigkeit ein, über die Gefühle, die Sie in Ihren Beziehungen empfinden, selbst zu entscheiden. Sie werden lernen, dass Sie für Ihre eigenen Emotionen verantwortlich sind – und dass Sie darauf durchaus einen Einfluss haben.
- Sie werden lernen, *dass Beziehung Sicherheit braucht*. Sie werden erfahren, wie man ein atmosphärisches Umfeld schafft, in dem alle Beziehungspartner sich sicher und geborgen fühlen. Denn nur in einem solchen Umfeld können echte Nähe, Offenheit und Intimität wachsen und gedeihen. Sie werden entdecken, wie es möglich ist, anderen weni-

ger richtend und verurteilend zu begegnen und stattdessen eine Art Entdeckermentalität zu entwickeln, die auf den anderen neugierig und gespannt ist. Und Sie werden lernen, wie Sie mit Situationen umgehen können, in denen der andere eine Mauer in der Beziehung errichtet hat.

- Sie werden lernen, *gut für sich selbst zu sorgen.* Gott möchte durchaus, dass wir gut für uns selbst sorgen, damit seine Liebe durch uns hindurchfließen kann zu anderen. Sie werden Wege kennenlernen, Ihre seelischen Batterien aufzuladen und so fähig zu werden, sich in Beziehungen so einzubringen, dass Sie für alle Beteiligten zu einer Bereicherung werden.
- Sie werden *das Geheimnis emotionaler Kommunikation* kennenlernen. Diese Weise der Kommunikation hat das Potenzial, die Hauptursachen für Streit und Zerwürfnisse in Beziehungen zu eliminieren. Wenn Sie aufhören, in Ihren Gesprächen darum zu kämpfen, wer Recht hat, und stattdessen lernen, die emotionale Botschaft hinter den Worten zu verstehen, kann ein Wandel in Ihren Beziehungen einsetzen, der an ein Wunder grenzt.
- Sie werden lernen, *als Team zusammenzuarbeiten.* Sie erfahren, was Sie tun können, damit Konflikte in Zukunft keine Verlierer mehr produzieren, sondern damit alle Beteiligten bei einer Lösung gewinnen. Sie werden entdecken, welche Stolpersteine es in Ihrer Beziehung gibt, und wie Sie sie aus dem Weg räumen können. Es gibt einen Weg, Konflikte zu echten Gewinnchancen in einer Beziehung zu verwandeln.

Klingt das in irgendeiner Weise interessant für Sie? Sind Sie neugierig geworden? Wollen Sie die neuen Tanzschritte erlernen, die Ihre Beziehungen stärken und bereichern werden?

Dann begleiten Sie uns auf dem Weg.

Kapitel 2

Grundgesetze gelingender Beziehungen – Die Beziehungs-DNA

Fast alles, was wir tun, hat Auswirkungen auf unsere Beziehungen. Wenn wir aufmerksam sind für die Menschen um uns herum, dann werden wir jede Menge Beziehungen wahrnehmen, die nur ein Wunder noch retten kann. Jeden Tag begegnet uns das allgemeine Beziehungsdilemma in konkreten Beziehungen – zwischen Ehepartnern, zwischen Kindern und Eltern, Geschwistern, Nachbarn und Kollegen. Man redet nicht miteinander. Man verletzt einander bewusst oder unbewusst. Viele Menschen machen einen fröhlichen und unbeschwerten Eindruck. Lernt man sie aber näher kennen, dann wird klar: Sie sind verletzt und einsam. Sie finden sich damit ab, dass ihr Beziehungsleben eben nur mittelmäßig ist.

Jeder Mensch trägt in sich die tiefe Sehnsucht, zu lieben und geliebt zu werden, Träume und Hoffnungen zu teilen und geachtet und wertgeschätzt zu werden. Jeder Mensch sehnt sich nach emotionaler, körperlicher und spiritueller Nähe und Intimität. Woher kommt dieser Wunsch, dieses tiefe Sehnen? Er gehört zu den Grundbausteinen, aus denen unser Beziehungsleben besteht. Er ist Teil der DNA unserer Beziehungen.

Was ist diese DNA unserer Beziehungen? Es ist der genetische Beziehungscode, mit dem wir geschaffen wurden, der untrennbar zu uns gehört. Es ist sozusagen die Programmierung unseres Beziehungsverhaltens. Die unveränderliche, nicht zu leugnende Beziehungswahrheit, die für alle Menschen zu allen Zeiten gegolten hat und noch gilt. Mir ist noch niemand begegnet, der da eine Ausnahme darstellte.

Um deutlich zu machen, was es mit dieser „Beziehungs-DNA" auf sich hat, möchte ich Sie mitnehmen zur Geschichte vom Anfang der Menschheit. Zur Geschichte von Adam und Eva. Denn sie ist auch unsere Geschichte.

Unsere Geschichte

Adam war der erste Mensch, den Gott schuf. Adam muss in harmonischer Verbundenheit und enger Bezogenheit zu seiner Umwelt und auch zu Gott gelebt haben. Der Garten Eden war tatsächlich das Paradies. Hier ließ es sich sicher leben. Es gab keinen Krieg, keine Naturkatastrophen, keine Sünde. Harmonie und Frieden waren aber nicht auf das Äußere beschränkt, auch innerlich waren bei Adam die Dinge im Lot. Er lebte in Frieden mit Gott und mit sich selbst. Er wusste um seinen Platz im Universum. Alles, was er brauchte, bekam er von Gott: eine sinnvolle Arbeit, eine enge Beziehung zu seinem Schöpfer, alles, was er brauchte, um sein Leben zu gestalten.

Wir haben keinerlei Hinweise darauf, dass Adam sich über sein Leben im Paradies beschwert hat. Trotzdem fehlte etwas. Adams Beziehung zu Gott war zwar sehr erfüllend, und doch wollte Gott Adam noch mehr geben – ein menschliches Gegenüber, eine auch menschliche Verbundenheit und ein Aufeinander-bezogen-Sein. Gott sagte: „Es ist nicht gut, dass der Mensch allein lebt.“[1]

Wir können nur mutmaßen, wie Adam reagiert hat, als er Eva zum ersten Mal erblickte. Ich stelle mir vor, dass er eine unwiderstehliche Sehnsucht empfand, die Sehnsucht nach einer Intimität, die tiefer reichte als die Erfahrung körperlicher Nähe. Gott hatte in beide den tiefen Wunsch nach einer emotionalen und körperlichen Verbindung hineingelegt, hatte ein inneres Band gespannt, eine innige Zuneigung der Seelen geschaffen – kurz: *eine menschliche Beziehung*.

Der Rest der Geschichte ist allgemein bekannt. Gott überträgt Adam und Eva die Verantwortung für alles, was er geschaffen hat, und er gibt ihnen sogar den ungehinderten Zugang zu den Früchten vom Baum des Lebens in der Mitte des Gartens. Adam und Eva geht es gut. Ihr Leben ist sicher, und ihre Beziehung zueinander und zu Gott ist schön und erfüllend.

Das Ganze hat nur einen Haken: Gott hat ihnen verboten, die Früchte vom Baum der Erkenntnis zu essen. Der Verführer überredet sie, dieses Verbot zu übertreten. Er lockt sie mit dem Versprechen: „Wenn ihr von diesen Früchten esst, seid ihr wie Gott." Weise und mächtig wie Gott, das möchten Adam und Eva gerne sein. Also setzen sie sich über die Anweisung hinweg und entscheiden sich für die ihrer Meinung nach bessere Möglichkeit.

Als Gott kurze Zeit später in den Garten kommt, verstecken Adam und Eva sich vor ihm, weil sie sich schämen. Außerdem haben sie Angst vor den Folgen ihrer Tat.[2] Als Gott nachfragt, zeigt Adam mit dem Finger auf Eva, Eva hingegen schiebt die Schuld auf die Schlange. Keiner von beiden will die Verantwortung übernehmen.

Die Wahl, die Adam und Eva trafen, hat alles verändert. Die harmonische Beziehung zu Gott, die sie so genossen haben, ist zerstört. Die erfüllende Beziehung zueinander ist zerstört. Alle Beziehungen sind erschüttert. Und die Folgen sind bis heute spürbar: Das Leiden unter schwierigen, verletzenden oder zerbrochenen Beziehungen gehört seitdem zum menschlichen Leben dazu.

Der DNA-Code

Alles, was wir über die DNA von Beziehungen wissen müssen, finden wir in dieser Geschichte vom Anfang. Der DNA-Code für Beziehungen besteht aus drei einfachen, aber grundlegenden Strängen:

1. Wir sind für Beziehungen geschaffen.
2. Wir sind mit der Fähigkeit geschaffen, uns zu entscheiden.
3. Wir sind mit der Fähigkeit geschaffen, Verantwortung für uns selbst zu übernehmen.

Das klingt einfach und ist es auch. Und doch kann es unser Leben und unsere Beziehungen revolutionieren, wenn wir diese einfachen Grundlagen verstehen und durchdenken. Darum geht es in diesem Buch: um die Anwendung dieser drei Grundlagen auf die Beziehungsprobleme, mit denen Sie sich momentan konfrontiert sehen.

1. Wir sind für Beziehungen geschaffen

Vor Kurzem bekam ich einen Brief von einem jungen Mann, der nach einem schwierigen Konflikt und vielen Kämpfen wieder mit seiner Freundin zusammen war. Der Brief endete folgendermaßen: „Manchmal denke ich, ich kann mit ihr nicht leben. Aber ich weiß auch genau: Ohne sie geht es ebenso wenig.“

Kommt Ihnen das bekannt vor? Immer wieder kann man Sätze wie diese hören. Warum? Der Grund ist eben unsere Beziehungs-DNA. Wir sind so geschaffen, dass wir Beziehungen brauchen, auch wenn sie schwierig und frustrierend sind. So sind wir „programmiert“. Wir haben eine Sehnsucht danach, zu jemandem zu gehören, wir möchten begehrt und geliebt werden und uns wertvoll fühlen.

Wir haben in dieser Hinsicht auch gar keine Wahlmöglichkeit. Beziehungen sind keine Option unter anderen. Mit dem Zeitpunkt unserer Geburt treten wir in eine Beziehung zu unseren Eltern. Schon bald kommen Beziehungen zu anderen Kindern dazu, später dann zu Kollegen und Freunden. Und schließlich entwickeln die meisten Menschen noch eine Beziehung zu einem Menschen, den sie besonders lieben.

Die DNA unserer Beziehungen:

1. Wir sind für Beziehungen geschaffen.
2. Wir haben die Wahl.
3. Wir sind fähig, Verantwortung für uns selbst zu übernehmen.

Wenn eine Beziehung schwierig oder schmerzhaft wird, neigen wir dazu, sie aufzugeben. Für eine Weile ziehen wir uns vielleicht sogar auch aus allen anderen Beziehungen zurück. Aber irgendwann tauchen wir aus der Versenkung auf und suchen eine neue Verbindung.

Wir können zwar entscheiden, *wie* wir uns in Beziehungen einbringen;

aber im Blick darauf, *ob* wir uns an Beziehungen beteiligen, haben wir keine Wahl. Das ist ein wesentlicher Punkt. Die einzige Entscheidung, die wir wirklich treffen können, ist die, ob wir an unseren Beziehungen arbeiten wollen, um sie gesund zu erhalten, oder ob wir Dinge tun, die die Beziehung erschweren, belasten oder gar zerstören. Wir haben nur die Wahl, ob wir Beziehungen behindern oder ob wir sie zur vollen Entfaltung bringen.

Sehen wir uns den ersten Strang unserer Beziehungs-DNA genauer an. Dieser Strang umfasst verschiedene Komponenten. Die Geschichte von Adam und Eva enthält die folgende Wahrheit im Blick auf unsere Beziehungen: *Wir sind für Beziehungen geschaffen, und zwar für drei Arten von Beziehungen – zu anderen, zu uns selbst und zu Gott.* Dieses Grundmuster gilt für jeden. Dabei spielt es keine Rolle, ob wir es anerkennen oder nicht. Es *ist* einfach *vorgegeben*. Grafisch dargestellt könnte es so aussehen:

Die meisten Menschen können ihre Position in Beziehungen zu anderen treffend einschätzen. Bei der Beziehung zu sich selbst wird es schon schwieriger (obwohl dieser Beziehung im Gesamtzusammenhang aller Beziehungen eine Schlüsselrolle zukommt). Und was die Beziehung zu Gott angeht, so ist sie für viele Menschen zweifelhaft oder existiert für sie nicht. Manche Menschen leugnen rundheraus, dass eine Beziehung zwischen ihnen und Gott besteht, auch wenn sie damit unrecht haben.

Wir sind für drei Arten von Beziehungen geschaffen: zu anderen, zu uns selbst und zu Gott.

Jede dieser Beziehungen für sich ist wichtig. Aber die drei Beziehungs-Dimensionen sind auch untereinander untrennbar miteinander verknüpft. Schwächen und Schwierigkeiten auf einer Ebene haben Auswirkungen auf die beiden anderen Ebenen.

Die gute Nachricht: Wir haben die Möglichkeit, die Geheimnisse dieses DNA-Codes zu entschlüsseln und so Antworten auf unsere Beziehungsprobleme zu bekommen.

Beziehungen zu anderen

Wir sind geschaffen für Beziehungen zu anderen Menschen. Das ist ja eigentlich auch selbstverständlich. Jeder lebt in Beziehungen mit der Familie, mit Freunden, Nachbarn, Kollegen, Sportkameraden etc. Wie sind Ihre Beziehungen? Sind sie stark, erfüllend, aufregend und von gegenseitigem Respekt geprägt? Profitieren Sie von ihnen? Oder sind sie enttäuschend, kompliziert, schmerzhaft, frustrierend und distanziert? Wahrscheinlich kennen Sie beide Formen.

Vor Kurzem war ich unterwegs zu einer Konferenz über Beziehungsfragen in San Francisco. Im Flugzeug kam ich mit einer Frau ins Gespräch. Sie kannte meine Videos und sagte mir, dass ich ihr damit durch eine schwierige Zeit geholfen hatte. In freudiger Erwartung einer „Erfolgsgeschichte" fragte ich, wie es denn jetzt liefe. Die junge Frau zögerte einen Moment und sagte dann: „Die Beziehung ist vor einiger Zeit zu Ende gegangen."

„Oh, das tut mir leid", antwortete ich. „Wo lag denn das Problem?"

Diesmal kam die Antwort prompt: „Das Problem war *er*. Er hat mich nicht respektiert. Ich lebe jetzt in einer anderen Beziehung." Sie lachte. „Zwar auch nicht ganz unproblematisch, aber besser als vorher."

Diese Geschichte ist nicht ungewöhnlich. Und genau das ist der Punkt! Die Situation dieser jungen Frau ist sehr verbreitet; sie wiederholt sich in zahllosen anderen Beziehungen: „Das Problem war *er*." Wenn sie an dieser Stelle nichts dazulernt, dann wird sie nur allzu schnell auch dem neuen Mann in ihrem Leben die Schuld an ihrer Unzufriedenheit geben.

Kommt Ihnen da etwas bekannt vor? Anscheinend hat sich hier im Laufe der Jahrtausende nicht viel verändert. Immer noch schieben wir die Schuld lieber auf den anderen, so wie Adam und Eva im Paradies. Immer noch ist eher der andere die Ursache des Problems.

Kennen Sie das vielleicht auch von sich? Ertappen Sie sich schon mal bei ähnlichen Aussagen? Sind bei Ihnen auch eher die anderen die „Quelle allen Übels"?

Die meisten Psychologen und Seelsorger erkennen folgende grundlegende Wahrheit zum Thema Beziehungen an: *Der andere ist immer nur Teil des Problems.* Wäre der andere nämlich immer das ganze Problem, bräuchten wir keine Seelsorger und Therapeuten. Dann würden wir einfach einen „Beziehungsklempner" engagieren und ihn bei dem anderen seine Arbeit machen lassen!

Bei genauerem Hinsehen werden Sie merken: Das Problem, das ich mit einer anderen Person habe, habe ich oft auch mit mir selbst. Natürlich liegt es Ihnen jetzt auf der Zunge zu protestieren: „Das stimmt nicht. Diesmal liegt es wirklich an dem anderen. Er hat sich wirklich gemein verhalten."

Der andere ist immer nur Teil des Problems.

Nun, das mag so sein. Trotzdem würde ich vermuten, dass noch mehr dahintersteckt. In der Regel ist es so. – Der Schmerz, den uns ein anderer zufügt, entspringt oft einer Angst oder Unsicherheit, die wir selbst empfinden. Überlegen Sie mal: Wenn jemand etwas über Sie sagt, wovon Sie wissen, dass es nicht stimmt – wo ist das Problem? Was andere sagen oder tun, verletzt uns nur, wenn wir dahinter ein Körnchen Wahrheit vermuten.

Ein einfaches und ganz offensichtliches Beispiel dazu: Nehmen wir an, Sie sind als Frau 1,80 Meter groß. Mit diesem Gardemaß kann man Sie getrost als „groß" bezeichnen. Auf einer Party sagt eine Freundin „Kleine" zu Ihnen. Kein Grund, beleidigt zu sein. Wahrscheinlich würde eher Ihre Freundin erstaunte Blicke ernten, denn sie hat etwas über Sie gesagt, was ganz offensichtlich nicht stimmt. Diese Bemerkung trifft Sie auch nicht, weil Sie ganz genau wissen: „Ich bin nicht klein. Was meine Freundin sagt, stimmt nicht."

Nehmen wir aber weiter an, dieselbe Freundin nennt Sie auf derselben Party „Bohnenstange". Das trifft Sie. Warum? Weil Sie sich selbst vielleicht insgeheim zu groß finden. Der Begriff löst etwas in Ihnen aus. *Sie könnte recht haben. Ich bin zu groß. Mit mir stimmt etwas nicht.*

Jetzt sind Sie der Meinung, Ihre Freundin habe sich über Sie lustig gemacht. Vielleicht wollte sie Sie aber nur ein bisschen aufziehen – in aller Freundschaft. Oder sie ist selbst eher klein und bewundert Sie für Ihre

Größe. Natürlich kann es auch sein, dass sie einfach gemein war. Aber selbst dann ist das Problem nicht das, was sie gesagt hat. Das Problem ist die Art und Weise, *wie Sie sich selbst sehen*. Ihre Reaktion basiert auf der diffusen inneren Angst, Sie könnten nicht normal sein oder irgendeinen Makel an sich tragen. Wie oft lassen wir uns in einer Beziehung von Worten blenden. Wir fühlen uns von dem anderen verletzt, und schon ist die Beziehung in Schwierigkeiten. Anstatt uns aber auf den anderen zu konzentrieren, sollten wir uns lieber selbst betrachten, und zwar klar und objektiv. Wir sollten die Kamera auf uns selbst richten und uns durch das geeignete Objektiv anschauen.

Oft entsprechen Aussagen, die uns verletzen, nicht der Wahrheit. Objektiv betrachtet ist eine Frau mit 1,80 Meter Körpergröße nicht zu groß. Das Problem besteht eher darin, wie Sie auf das *reagieren*, was andere tun oder sagen. Jede objektive Momentaufnahme eines Beziehungsproblems zeigt niemals nur die andere Person – wir selbst sind immer mit im Bild.

Sie merken wahrscheinlich schon, wie sich der dritte DNA-Strang – der Strang der Eigenverantwortlichkeit – bereits durch diese Diskussion zieht. Wenn Sie diesen Strang außer Acht lassen und nur den anderen die Schuld zuweisen, wälzen Sie die Verantwortung für die Beziehungsprobleme auf die anderen ab. Nur wenn Sie Ihre eigene Verantwortung erkennen, werden Sie den Weg finden, der Sie aus den Problemen herausführt. Ich nenne das die „Macht des Einzelnen". Dieser Punkt ist wichtig. Deshalb habe ich ihm unten ein ganzes Kapitel gewidmet (Kapitel 4).

Wir haben eine Beziehung zu uns selbst

Überrascht Sie diese Aussage? Oft ist uns diese so einfache Beziehungswahrheit überhaupt nicht bewusst. Aber wenn wir erfolgreiche Beziehungen führen wollen, ist es *entscheidend*, dass wir diesen Aspekt verstehen.

Wir wehren uns vielleicht deswegen dagegen, der Beziehung zu uns selbst allzu viel Aufmerksamkeit zu schenken, weil es uns irgendwie egoistisch erscheint. Und daran kann etwas Richtiges sein. Aber wie immer in Beziehungsdingen geht es auch hier um das richtige Maß. Sich allzu sehr auf die Beziehung zu sich selbst zu konzentrieren, ist ungesund und kann leicht zu dem führen, was die Psychologie „Narzissmus" nennt. Genauso ungesund ist es aber, die eigene Person kleinzumachen, abzulehnen oder zu ignorieren.

Haben Sie zu sich selbst eine gesunde und dynamische Beziehung? Finden Sie sich wichtig? Mögen Sie sich? Akzeptieren Sie sich? Können Sie sich vergeben? Ist Ihnen das eigene Wohlbefinden wichtig? Wissen Sie um Ihre Würde, und achten Sie sie?

Als Berater erlebe ich einen deutlichen Unterschied zwischen Menschen, die eine gesunde Beziehung zu sich selbst haben, und denen, die dies nicht haben.

Nehmen wir zum Beispiel Maria. Sie kämpft gegen ihre Alkoholabhängigkeit, und ihre Sucht wirkt sich auf alle Beziehungen in ihrem Leben aus. Das Verhältnis zu ihrem Mann ist geprägt von kühler Distanz, ihre Kinder vernachlässigt sie. An guten Tagen kann man einigermaßen normal mit ihr sprechen, an schlechten Tagen bekommt ihre Familie sie oft stundenlang nicht zu Gesicht. Dann wechselt sie mit ihrem Mann Tom kaum ein Wort und vergisst auch, die Kinder von der Schule abzuholen.

Maria merkt nicht, was sie den Menschen um sich herum antut. Sie erkennt nicht, dass ihr Verhalten Auswirkungen hat auf ihre Beziehungen. Wenn man sie fragt, warum sie sich so verhält, wie sie es tut, murmelt sie mit leerem Blick etwas, das klingt wie: „Keine Ahnung." Sie scheint zunehmend unfähig zu sein, ihr Verhalten mit allen dazugehörigen Konsequenzen einzuschätzen. Von einer Perspektive für sich und ihren Platz in der Welt ganz zu schweigen.

Natürlich lässt sich ein Suchtverhalten nicht von heute auf morgen ändern. Ich möchte die Schwierigkeiten, denen Maria sich tagtäglich gegenübersieht, nicht herunterspielen. Aber sie wird ihr Problem nicht lösen, wenn sie nicht anfängt, sich selbst ganz ehrlich zu betrachten. Nur so wird es ihr möglich sein, eine gesunde Beziehung zu sich selbst aufzubauen. Dafür braucht sie ein Vorbild. Jemanden wie Susanne.

Susanne hat ebenfalls ein Problem mit Alkohol. Ihr ging es einmal ähnlich wie Maria. Sie fühlte sich ihrer Abhängigkeit hilflos ausgeliefert und konnte sich und ihr Verhalten nicht mehr richtig einschätzen. Aber dann hat sie eine Tochter bekommen, und das hat ihre Sicht von sich selbst völlig verändert. Plötzlich sah sie sich *mit den Augen ihres Kindes,* und sie erkannte das Ausmaß, in dem ihre Sucht ihrem Baby schaden könnte.

Susanne hat es geschafft, einen Schritt zurückzutreten und sich aus der Distanz heraus zu betrachten, wie durch das Objektiv einer Kamera. Ihr gefiel nicht alles, was sie dort sah: eine süchtige Frau, die dachte, sie hätte keine Alternative. Aber sie stellte sich der Realität, und das stieß einen Veränderungsprozess an. Als sie erst einmal klar erkannt hatte, welche Auswirkungen ihr Verhalten auf andere hatte, konnte sie dafür auch selbst die Verantwortung übernehmen. So war sie motiviert, sich zu ändern.

Schon bald wirkte sich das aus auf ihren Lebensstil. Sie versuchte, die Sucht unter Kontrolle zu bekommen, die bisher sie kontrolliert hatte. (Hier ist er wieder, der dritte DNA-Strang. Erkennen Sie ihn?) Susanne begann, mehr auf sich zu achten. Eine Selbsthilfegruppe der Anonymen Alkoholiker war ihr dabei eine große Hilfe.

Menschen, die eine gesunde Beziehung zu sich selbst haben – die Verantwortung für das eigene Handeln übernehmen und auf sich achten –, werden leichter mit Problemen in einer Beziehung fertig, weil sie fähig sind, sich objektiv zu betrachten.

Also gilt: *Setzen Sie sich selbst ins Bild.* Wenn Sie die Kunst beherrschen, sich ein Bild vor Ihr inneres Auge zu malen, das Sie zusammen mit der anderen Person zeigt, dann verstehen Sie plötzlich die Zusammenhänge. Sie erkennen, welche Konsequenzen Ihr Verhalten hat und wie es sich auf die Gefühle anderer auswirkt. So können Sie Ihre Gedanken, Ihre Worte und Ihr Verhalten entsprechend verändern und der jeweiligen Situation anpassen.

An Menschen, die eine gesunde Beziehung zu sich selbst haben, fällt eines sofort auf: Sie achten auf sich. Körper, Seele, Gemüt und Geist werden beachtet und gepflegt. (Mehr darüber in Kapitel 6.) Wenn es in unseren Seminaren um das Thema der Beziehung zu sich selbst geht, dann werden die Teilnehmer meistens sehr lebendig. Wenn diese Wahrheit erst einmal akzeptiert wird, wenn die Zukunft gesehen wird als ein Ort, an dem jemand besser mit sich selbst umgehen kann, dann machen sich Begeisterung und Hoffnung breit.

Aber es gibt auch eine andere Seite.

Lassen Sie sich zum Beispiel gern fotografieren? Wenn ich Fotos von mir betrachte, dann gefällt mir daran nicht alles. Ich sehe die schönen, lächelnden Gesichter meiner Kinder, meiner Enkel und meiner Frau. Wenn ich mein eigenes lächelndes Gesicht betrachte, denke ich: *Bin das wirklich ich?*

Sie müssen damit rechnen, dass der Blick durch die Kamera auf Sie selbst nicht nur schöne Seiten zeigt. Manches an Ihrem Verhalten, Ihren Reaktionen auf andere, Ihren Einstellungen wird Ihnen nicht gefallen.

Setzen Sie sich selbst ins Bild.

Und dann besteht die Gefahr, dass Sie die Kamera ganz schnell wieder zur Seite legen. Das ist tatsächlich einer der Hauptgründe dafür, dass Menschen keine ehrliche und objektive Beziehung zu sich selbst aufbauen: weil ihnen das, was sie sehen, Angst macht. Es gibt aber auch Menschen, die halten es aus, auch die eigenen Schattenseiten anzusehen. Sie haben die Chance, als Früchte dieser unangenehmen Erfahrung positive Veränderungen in ihren Beziehungen zu ernten.

Dieser Blick auf die eigene Person ist zwar gut, aber viele Menschen benutzen dafür das falsche Objektiv. Sie nehmen den Weichzeichner. In der Filmindustrie wird dieses Objektiv für Aufnahmen mit nicht mehr ganz so jungen Schauspielern eingesetzt, um Falten und Fältchen abzumildern. Benutzen Sie dieses Objektiv, werden Sie kein „objektives“ Bild erhalten. Genauso ungenau ist der Blick durch ein Objektiv, das wie ein Zerrspiegel alles verzerrt. Alles sieht nur noch hässlich aus.

Ich glaube, dass wir das richtige und angemessene Objektiv nur an einer Stelle finden können: bei Gott. Und damit sind wir bei der dritten wichtigen Beziehung in unserer DNA.

Wir haben eine Beziehung zu Gott

Unsere wichtigste Beziehung ist die Beziehung zu Gott. Denn es ist die Beziehung zur Quelle allen Lebens. Es ist zugleich die Beziehung, die uns nicht unmittelbar fassbar ist. Für viele hat sie scheinbar gar keine Bedeutung.

Ich behaupte aber, dass wir *alle* eine Beziehung zu Gott haben, ob wir es nun wollen oder nicht. Sogar überzeugte Atheisten haben eine Beziehung zu Gott – zwar distanziert und gestört, aber trotzdem eine Beziehung. Das ist ähnlich wie die Beziehung zu unserem leiblichen Vater. Vielleicht mögen wir ihn nicht besonders, vielleicht lebt er schon gar nicht mehr, vielleicht ist er ein angesehener und erfolgreicher Bürger, vielleicht auch ein Krimineller – trotzdem ist und bleibt er unser Vater, und wir haben eine Beziehung zu ihm. Dabei spielt es zunächst keine Rolle, welcher Art diese Beziehung ist; ob liebevoll oder kühl, ob gegenseitig befruchtend oder verletzend.

Sie und ich – wir alle haben eine Beziehung zu Gott. Er hat uns so geschaffen, dass wir diese Beziehung auch brauchen. Der französische Philosoph Blaise Pascal hat gesagt, dass jeder Mensch in sich das tiefe Verlangen nach mehr trägt. Und dieses innere Vakuum, diese Sehnsucht nach „Mehr" kann nur durch Gott ausgefüllt werden. Wissenschaftliche Forschungen der jüngsten Zeit legen die Vermutung nahe, dass das menschliche Gehirn „auf Gott gepolt" ist. Die amerikanische Zeitschrift Newsweek wartete mit der verblüffenden Titelstory auf: „Gott und das Gehirn: Wie wir auf Spiritualität gepolt sind"[3].

Gott nimmt die Beziehung zu uns – zu Ihnen, zu mir – sehr ernst. Er ist leidenschaftlich daran interessiert. Das sagt zumindest die Bibel.[4] Wenn wir diese Beziehung ignorieren oder wenn sie nicht mehr das Gewicht erhält, das sie verdient, wird sich das auf alle anderen Beziehungen in unserem Leben auswirken.

Adam und Eva lernten das auf die harte Tour. Gott bot ihnen alles, was sie brauchten: eine Beziehung zu ihm und eine Beziehung zueinander. Und er war dabei äußerst verlässlich. Er warb intensiv um ihr Vertrauen. Aber sie vertrauten stattdessen der Schlange. Als sie sich von Gott entfernten, gaben sie nicht nur diese Beziehung auf. Gleichzeitig rückte die Quelle in unerreichbare Ferne, die ihnen Liebe, Freude, Frieden und ein erfülltes Leben bot.

Ein Schlüssel zum Verständnis der Grundmechanismen unseres Beziehungslebens liegt in dem Wissen: Wir sind auf eine direkte Verbindung mit Gott hin angelegt.

Kommen wir noch einmal zurück zu dem Bild der Kamera. In Beziehungen neigen wir dazu, immer nur den anderen zu sehen. Wir richten das Objektiv nur auf ihn oder sie. Das sieht so aus:

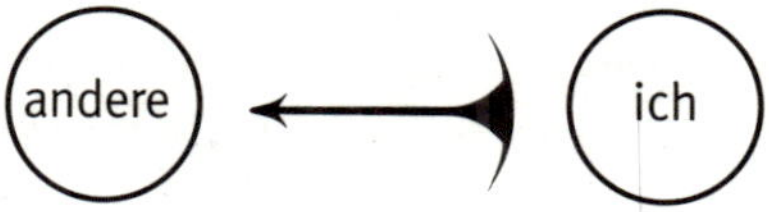

Das ist eine verflachte und stark vereinfachte Sicht von Beziehungen, und diese Verkürzung ist auch der Grund für viele Probleme in diesem Bereich.

Die Beziehungs-DNA sagt, dass wir gemacht sind für Beziehungen zu anderen, mit uns selbst und mit Gott:

Allerdings haben wir schon gemerkt, dass es bei Beziehungsproblemen nicht immer nur um den anderen geht. Also müssen wir uns selbst auch mit ins Bild setzen. Etwa so:

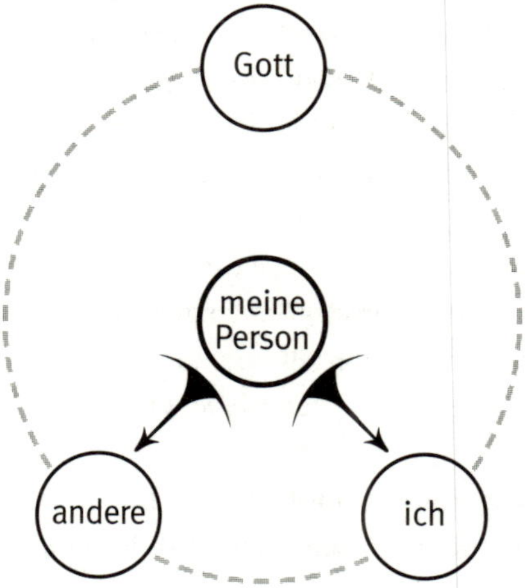

Gott hat uns aber auch auf eine Beziehung zu ihm hin angelegt. Er bietet uns Liebe, Annahme, Vergebung, Wachstum, Zufriedenheit, Ehre und Wertschätzung. Er stattet uns mit allem aus, was wir für ein sinnerfülltes Leben und zutiefst befriedigende Beziehungen brauchen. Er bietet uns Leben in seiner ganzen Fülle.[5]

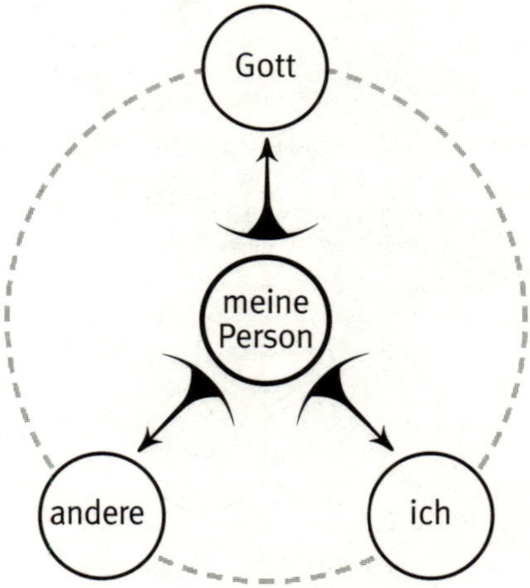

In unseren Eheseminaren erleben wir immer wieder, dass Menschen eine neue Perspektive bekommen und dann auch die Kraft zur Veränderung aufbringen, wenn sie erst einmal erkannt haben, dass diese Beziehung zu Gott eine Rolle spielt. Wer ein erfülltes Leben von Gott erwartet, der muss nicht mehr den Ehepartner, die Kinder oder die Freunde für das eigene Glück verantwortlich machen. Das nimmt viel Druck aus den Beziehungen.

Wie können wir nun aber sicherstellen, dass wir beim Blick durch das Kameraobjektiv auch wirklich ein korrektes Bild erhalten, nicht zu negativ, aber auch nicht zu rosig?

Für ein realistisches Bild von uns selbst und von unseren Beziehungen müssen wir durch Gottes Objektiv schauen.

Diese Frage führt zu einer weiteren Beziehungswahrheit: Wenn wir ein gesundes und realistisches Bild unserer Beziehungen erhalten wollen, müssen wir durch Gottes Objektiv schauen.

Oder anders gesagt: Wir müssen Gottes Objektiv auf unsere Kamera schrauben. Sein Objektiv zeigt ein zutreffendes Bild. Es zeigt uns nicht besser, als wir sind. Es beschönigt nichts. Aber es zeigt zugleich immer die eigentliche Schönheit, die jedem Menschen eigen ist. Denn Gott sieht uns, wie wir wirklich sind.

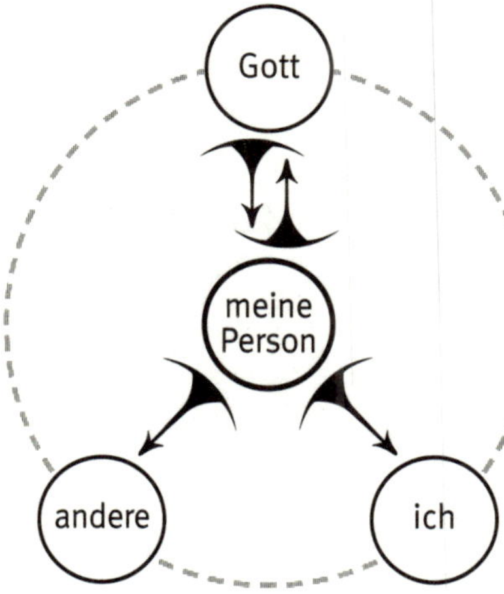

Rick Warren beschreibt das in seinem Bestseller „Leben mit Vision" folgendermaßen:

Sie sind kein Produkt des Zufalls. Ihre Geburt war weder ein Fehler noch ein Unfall, und Ihr Leben ist auch nicht einfach nur eine Laune der Natur. … Als Ihre Eltern noch nicht einmal an Sie gedacht haben, da dachte Gott schon an Sie. … Sie leben, weil Gott Sie erschaffen wollte. … Er hat Ihren Körper genau so erschaffen, wie er es wollte. Er hat Ihre Begabungen und die Einzigartigkeit Ihrer Persönlichkeit bestimmt. … Am erstaunlichsten ist, dass Gott auch entschieden hat, *wie* Sie geboren wurden. Egal, wie die Umstände Ihrer Geburt waren oder wer Ihre Eltern sind, Gott hatte einen Plan, als er Sie erschaffen hat. Es ist egal, ob Ihre Eltern gut oder schlecht oder einfach nur mittelmäßig waren. Gott wusste, dass diese beiden Individuen *exakt* die passende genetische Zusammenstellung mitbrachten, mit der er das Modell „Sie" erschaffen konnte. Sie hatten die richtige

DNA, aus der Gott Sie zusammenbasteln konnte. … Gott handelt nie zufällig, er macht keine Fehler. Alles, was er erschafft, erfüllt einen bestimmten Zweck. … Gott dachte sogar schon vor der Erschaffung dieser Erde an Sie. … Dies zeigt, wie sehr Gott Sie schätzt und liebt![6]

Glauben Sie das? Glauben Sie, dass Gott Sie liebt und schätzt? Wissen Sie, dass Sie für ihn wertvoll sind?[7] Glauben Sie, dass er Sie akzeptiert und Ihnen vergibt? Sind Sie überzeugt, dass Sie Gott unendlich viel bedeuten?[8] Es ist kein Zufall, dass viele Lebenshilfe- und Beratungsprogramme, etwa das der Anonymen Alkoholiker, davon ausgehen, dass es eine „höhere Macht" bzw. einen Gott gibt, der uns liebt und uns mit allem ausstattet, was wir brauchen, um ein zutiefst erfülltes Leben zu führen. Und es ist auch nicht zufällig so, dass Selbsthilfeprogramme, die sich auf diesen Glauben stützen, gute Erfolge erzielen. Hier findet genau diese Beziehungswahrheit Anwendung, die Menschen dazu bringt, ihr Leben, sich selbst und ihre Beziehungen durch das ehrliche und liebevolle Objektiv Gottes zu betrachten.

Wenn die Beziehung zu Gott in Ordnung ist, sind wir am ehesten in der Lage, uns so zu sehen, wie er uns sieht. Und das wiederum führt dazu, dass die Beziehung zu uns selbst gesünder und stabiler wird. Ist die Beziehung zu Gott aus dem Gleichgewicht geraten, haben wir kein realistisches Bild von uns selbst. Vor allem fehlt uns die Kraft, bestimmte Bereiche in unserem Leben zu verändern oder es so zu genießen, wie Gott es eigentlich für uns vorgesehen hat. Noch komplizierter wird die ganze Sache, wenn Menschen, mit denen wir viel zu tun haben (Partner, Freunde etc.), ebenfalls eine gestörte Beziehung zu Gott haben. Die Beziehung zur eigenen Person leidet darunter, aber langfristig wird sich das auch auf andere zwischenmenschliche Beziehungen auswirken, weil einfach keine realistische Sicht mehr möglich ist. Wenn das Bild nicht stimmt, das ich von mir bzw. von dem anderen habe, wie soll dann die Beziehung funktionieren?

Alle drei Beziehungsdimensionen müssen im Gleichgewicht sein.

Die drei Beziehungsdimensionen hängen zusammen. Gerät die eine aus dem Gleichgewicht, wirkt sich das auf die anderen beiden negativ aus. Kümmern wir uns intensiv um eine, werden die anderen beiden zwangsläufig ebenfalls profitieren.

Ich möchte noch eine Erklärung dafür geben, warum uns das Konzept der Beziehungs-DNA, also sozusagen eines genetischen Codes für unser Beziehungsleben, eingeleuchtet hat: Es ging uns auf, dass die drei Stränge dieser DNA auch im Doppelgebot der Liebe aufgegriffen werden, das Jesus als das wichtigste Gebot bezeichnet: „‚Du sollst den Herrn, deinen Gott, lieben von ganzem Herzen, mit ganzer Hingabe und mit deinem ganzen Verstand!' Das ist das erste und wichtigste Gebot. Ebenso wichtig ist aber das zweite: ‚Liebe deinen Mitmenschen wie dich selbst!'"[9] Diese Verse unterstreichen das, was wir auch in der DNA sehen: Die Beziehung zu Gott ist die erste und wichtigste Beziehung. Und: Unsere Fähigkeit, andere zu lieben, hängt zusammen mit der Fähigkeit, uns selbst zu lieben. Diese drei Beziehungen scheinen Teil unserer genetischen Veranlagungen zu sein.

2. Wir haben die Wahl

Wir haben gesehen, wie sehr die unterschiedlichen DNA-Stränge mit unseren Beziehungen verwoben sind. Wir sind auf Beziehungen hin angelegt – zu uns selbst, zu anderen und zu Gott.

> ***Die DNA unserer Beziehungen:***
>
> *1. Wir sind für Beziehungen geschaffen.*
> *2. Wir haben die Wahl.*
> *3. Wir sind fähig, Verantwortung für uns selbst zu übernehmen.*

Die DNA erinnert uns auch daran, dass Gott uns Entscheidungsfreiheit gegeben hat. Wir können uns nicht alle Beziehungen aussuchen, z. B.

Eltern, Geschwister oder eigene Kinder. Aber wenn es darum geht, wie wir innerhalb dieser Beziehungen agieren, dann haben wir durchaus die Wahl.

Menschen, die in schwierigen Beziehungen leben, sagen oft: „Ich habe keine andere Wahl!"

- Zwei Schwestern haben einen heftigen Streit. Die ältere schreit: „Mit dir spreche ich kein Wort mehr, bevor du dich entschuldigt hast. Ich habe ja keine andere Wahl."
- Eine Frau reicht die Scheidung ein, weil ihr Mann sie betrogen hat. Sie sagt unter Tränen: „Ich habe doch keine andere Wahl."
- Ein Mann fühlt sich von einem Kollegen verraten. Er bricht die Beziehung vollkommen ab und behauptet: „Ich habe doch keine andere Wahl."
- Ein Mitglied des Leitungskreises einer Gemeinde fühlt sich durch die Meinung eines anderen Mitglieds wiederholt verletzt und beleidigt. Er ist so frustriert, dass er aus dem Leitungskreis aussteigt und sagt: „Ich habe keine Wahl!"

Aber Gott hat uns durchaus die Fähigkeit und Möglichkeit einer Wahl gegeben. Wenn eine Beziehung also in schwieriges Fahrwasser gerät, hat es keinen Sinn zu sagen: „Ich habe doch keine Wahl." Das ist eine glatte Lüge. Die Wahrheit ist vielmehr: Wir *haben* eine Wahl. Und nicht nur eine.

- Wir können in einer Beziehung auf der Stelle treten – oder uns entschließen, die Probleme aktiv anzugehen.
- Wir können unsere Antipathie pflegen – oder uns entschließen, uns mit den Gründen dafür auseinanderzusetzen und davon frei zu werden.
- Wir können Gleiches mit Gleichem vergelten, wenn uns jemand verletzt – oder uns entschließen, auf die Suche zu gehen nach dem eigentlichen Problem hinter dieser Verletzung.
- Wir können einfach aufgeben, wenn eine Beziehung schwierig wird – oder uns entschließen, die Beziehung für wichtig zu erklären, indem wir uns dem speziellen Problem stellen.
- Wir können uns weiterhin durch ein die Realität verzerrendes Objektiv betrachten – oder uns dafür entscheiden, uns so zu sehen, wie Gott uns sieht.

In der Beratung bin ich immer wieder erstaunt über das Potenzial, das hinter einer bewusst getroffenen Entscheidung steckt. Eine Kernwahrheit lautet: *Entscheidung bedeutet Veränderung.* Eine Entscheidung zu fällen ist oft nicht leicht, weil Entscheidungen auch Veränderung bedeuten. Und diese Veränderung macht uns Angst.

Anne und Timo sind seit zwei Jahren befreundet. Anne will heiraten, aber Timo zögert. Das wiederum ärgert Anne, und sie droht, die Beziehung zu beenden. Timo möchte sie nicht verlieren, aber er will sie auch nicht heiraten, jedenfalls jetzt noch nicht. Er kommt zur Beratung, und nach einer Weile kommt Anne mit dazu.

Entscheidung bedeutet Veränderung.

Im Gespräch kommt heraus, dass Anne sich von Timo nicht richtig geliebt fühlt. Timo hingegen macht deutlich, dass er sich, sobald Anne das Thema Heirat auf den Tisch bringt, gefangen fühlt – wie ein Tier in der Falle. So hat er auch die Ehe seiner Eltern empfunden, die sich nicht geliebt haben, aber trotzdem an der Beziehung festhielten. Das kommt für Timo nicht infrage. Er liebt Anne aufrichtig, aber er will keine lieblose Ehe führen.

Als Timo lernt, die Kamera auf sich selbst zu richten und durch Gottes Objektiv zu schauen, da versteht er auch besser, was in ihm vorgeht. Dasselbe gilt für Anne. Sie erkennt, welche inneren Kämpfe Timo auszufechten hat und wie ihr Drängen auf eine Heirat die Situation noch verschärft.

Letztendlich läuft das Ganze auf eine Sache hinaus: Timo muss sich entscheiden.

Manchmal ist es wirklich nicht mehr als das. Wir müssen wieder die Kontrolle über unser Leben übernehmen. Wir müssen aufhören, uns als Gefangene unserer eigenen Vergangenheit zu sehen, und aufbrechen zu neuen Ufern. Wir müssen eine Entscheidung treffen. Wir müssen uns verändern – auch wenn das mit Angst und Unsicherheit verbunden ist.

Timo hat sich entschieden – glücklicherweise. Trotz seiner Ängste machte er Anne einen Heiratsantrag. Er war entschlossen, sich zu ändern, und zeigte damit Wachstum und Reife. Dadurch konnte er seinem Leben eine ganz neue Richtung geben. Innerhalb eines Jahres waren Anne und Timo verheiratet.

Etwas später sagte Timo etwas ganz Grundlegendes: „Mir wurde klar: Eine Entscheidung treffe ich auf jeden Fall, auch wenn ich Anne nicht heirate. Keine Entscheidung zu treffen hieße, mich für ein Leben ohne Anne zu entscheiden. Und das wollte ich nicht."

Keine Entscheidung ist auch eine Entscheidung.

Bei unseren Beziehungen machen wir oft einen Fehler. Wir denken: „Wenn ich einfach alles beim Alten lasse, wenn ich die Entscheidung hinauszögere, die Veränderung auf die lange Bank schiebe, dann wird die Krise von alleine vorübergehen." Wir verstehen nicht, dass das Verweigern oder Hinauszögern einer wichtigen Entscheidung an sich schon eine Entscheidung ist. Wir tun nichts – und werden verändert, anstatt selbst aktiv zu verändern.

Wie werden Sie also entscheiden? Welche Wahl werden Sie treffen? Diese Frage wird Ihnen in diesem Buch immer wieder begegnen. Sie soll Sie an den zweiten Strang der Beziehungs-DNA erinnern. Die große Frage bleibt: Für welches Verhalten werden wir uns entscheiden? Wird es unsere Beziehungen fördern oder eher behindern? Die Antwort auf diese Frage wird Auswirkungen haben auf unser ganzes Leben.

Die Gewissheit, dass wir mit einer Entscheidungsfreiheit ausgestattet sind, ist so aufregend, weil damit deutlich wird: Mein *Handeln* und meine *Emotionen* werden bestimmt von meinen *Gedanken*. Es spielt keine Rolle, was andere mit mir machen oder in welchen Umständen ich lebe. Ich entscheide, was ich denke, und ich entscheide, wie ich auf Ereignisse reagiere. Und damit entscheide ich auch über meine Gefühle. Darin liegt eine unglaubliche Freiheit. (Mehr dazu, wie unser Denken unser Handeln bestimmt, in Kapitel 3.)

3. Wir sind fähig, Verantwortung für uns selbst zu übernehmen

Am Anfang dieses Kapitels haben wir festgestellt, dass die Geschichte von Adam und Eva unsere ureigene Geschichte ist. Sie waren dazu geschaffen, Verantwortung für sich zu übernehmen. Aber durch ihre Entscheidung,

Gottes Anweisungen zu missachten, verletzten sie nicht nur eine entscheidende Beziehungsdimension, sondern beschädigten auch etwas am menschlichen „Beziehungscode“, an ihrer Beziehungs-DNA. Mit den Folgen ihrer Entscheidung konfrontiert, wollte weder Adam noch Eva die Verantwortung übernehmen. Sie haben alle Schuld weit von sich gewiesen. Und bis heute machen wir es genauso. Wird eine Beziehung schwierig, zeigen wir mit dem Finger auf den anderen. Es ist *seine* Schuld. Es ist *ihre* Schuld.

Eines betonen wir in diesem Buch immer wieder: die Notwendigkeit, dass wir für unser Handeln und unsere Entscheidung unbedingt persönlich die Verantwortung übernehmen. Leider ist diese Botschaft vielen Menschen offenbar nicht bekannt. Es ist immer bedeutend einfacher, das Muster zu übernehmen, das schon Adam und Eva eingeübt haben: Schuld ist immer nur der andere.

Nehmen Sie folgendes Beispiel: Carlos und Andrea sind schon einige Jahre verheiratet. Andrea kümmert sich um die Finanzen. Carlos ist bei einer Baufirma beschäftigt, Andrea ist Grundschullehrerin. Sie haben ein normales Einkommen, aber es bleibt am Monatsende nicht viel übrig. Carlos gibt etliches für DVDs und Computerspiele aus, und Andrea hat Mühe, das Budget auszugleichen.

Geld ist ein ständiger Streitpunkt zwischen ihnen. Carlos gibt es gern aus, Andrea macht überall Einsparungen. Es entsteht ein Teufelskreis: Je mehr Sparvorschriften Andrea macht, umso mehr gibt Carlos aus. Das führt sie schließlich in die Beratung.

Carlos macht Andrea Vorwürfe: „Sie lässt mich nicht über unser Geld verfügen.“

Andrea macht Carlos Vorwürfe: „Er ist so verantwortungslos und schmeißt das Geld für sinnlose Unterhaltung raus. Wenn das so weitergeht, bleibt uns nicht mal genug für die Miete und Lebensmittel. Ich muss da einfach Grenzen setzen.“

Carlos antwortet: „Sie behandelt mich wie einen kleinen Jungen, der Mama um Taschengeld anbetteln muss.“

Was Carlos und Andrea zunächst einmal erkennen mussten, war: Jeder gab dem anderen die Schuld, statt sich mit dem eigenen Verhalten zu beschäftigen. Beide mussten aufhören, sich vor allem auf das Verhalten des anderen zu konzentrieren. Die meisten Paare, die zur Beratung kommen, müssen das lernen. Dann ging es darum, dass Carlos sich klarmachen musste, welche Rolle er in diesem Konflikt spielte und was seine Neigung, zu viel Geld auszugeben, bewirkte. Als er dazu bereit war, konnte er auch die Verantwortung für seinen Umgang mit Geld übernehmen und gemeinsam mit Andrea einen realistischen Haushaltsplan aufstellen.

Andrea musste sich über ihre Tendenz zu kontrollieren und zu manipulieren klar werden. Sie musste die Verantwortung dafür übernehmen, dass sie Carlos mit Worten kleinmachte. Sie lernte zu verstehen, wie Carlos sich fühlte, wenn sie ihn wieder einmal runterputzte. Beide lernten, den anderen besser zu verstehen, und sie fanden einen neuen Umgang mit diesem Problem, indem jeder die Verantwortung für seinen Anteil daran übernahm, statt vom anderen zu erwarten, das Problem zu lösen.

Um die Verantwortung für das eigene Tun wird es später noch ausführlich gehen. Und ebenso um Kommunikation in Beziehungen und darum, wie man Situationen schafft, in denen beide Parteien gewinnen können. Aber die Voraussetzung für all das ist, dass wir unser „genetisches Beziehungsprogramm" verstehen, den Code unserer Beziehungs-DNA:

1. Wir sind für Beziehungen geschaffen.
2. Wir sind mit der Fähigkeit geschaffen, uns zu entscheiden.
3. Wir sind fähig, Verantwortung für uns selbst zu übernehmen.

Das Leben dreht sich um Beziehungen. Alles andere sind lediglich Details. Gott hat uns auf Beziehungen hin angelegt. Das können wir nicht ändern. Wir können entweder mit oder gegen diese Vorgabe arbeiten, aber wir können nicht leugnen, dass sie existiert. Die einzige Wahl, die wir haben, ist die Entscheidung, ob wir aktiv mitarbeiten, um unsere Beziehungen erfüllend zu gestalten, oder ob wir es zulassen, dass sie so vor sich hindümpeln und für uns selbst, aber auch für andere, zu einer Quelle von Verletzungen und Schmerz werden.

Treffen wir also eine kluge Wahl. Wählen wir das Leben. Seien wir bereit, eigenverantwortlich so zu entscheiden, dass unsere Beziehungen zur Quelle von Freude, Erfüllung und Frieden für unser Leben werden.

Im nächsten Kapitel wird es um das wiederkehrende Muster gehen, das sich in beinahe jeder Konfliktsituation zeigt. Es gibt so etwas wie einen „Beziehungs-(Kriegs-)Tanz", den wir alle tanzen. Schaffen wir es, dieses Muster zu erkennen und zu vermeiden, werden wir auch weniger Konflikte in unseren Beziehungen haben. Wenn Sie Ihren persönlichen Beziehungskiller-Blues verstehen, wird das Ihr Leben verändern. Garantiert.

Das Leben dreht sich um Beziehungen.
Alles andere sind Nebensächlichkeiten.

3-Minuten-Check: Die Beziehungs-DNA

1. **Die Beziehungs-DNA:**
   - **Wir sind auf Beziehungen hin angelegt.** Beziehungen sind Teil der Schöpfung. In uns ist das Bedürfnis nach Beziehungen angelegt.
   - **Wir haben die Wahl.** Unsere Beziehungen können wir uns nicht immer aussuchen. Aber wenn es darum geht, wie wir in diesen Beziehungen agieren, dann haben wir durchaus die Wahl.
   - **Wir sind fähig, Verantwortung für uns selbst zu übernehmen.** Für unsere Entscheidungen und unser Handeln sind wir allein verantwortlich. Wir können den anderen nicht verändern, aber wir können durchaus eigenverantwortlich handeln.

2. **Wir haben eine Beziehung zu anderen, zu uns selbst und zu Gott.** Jede dieser Beziehungen ist nicht nur wichtig, sondern jede ist auch untrennbar mit den anderen beiden verwoben.

3. **Der andere ist immer nur Teil des Problems.** Das Problem, das ich mit einer anderen Person habe, spiegelt oft ein Problem, das ich mit mir selbst habe.

4. **Wir müssen uns selbst ins Bild setzen.** Wenn wir uns in demselben „Rahmen" betrachten wie den anderen, erkennen wir: Wir sind selbst Teil des Problems, aber auch Teil der Lösung.

5. **Eine realistische Sicht unserer Beziehungen bekommen wir, wenn wir durch Gottes Objektiv schauen.** Nur wenn wir unsere Beziehungen durch das richtige Objektiv betrachten – durch Gottes Objektiv –, erkennen wir, wie Gott uns sieht: mich und den anderen. Das ist die Grundlage für gesunde Beziehungen.

6. **Alle drei Beziehungen müssen im Gleichgewicht sein.** Jede dieser drei Beziehungen hängt so eng mit den anderen beiden zusammen, dass jedes Ungleichgewicht sich auf alle drei Ebenen auswirkt.

7. **Entscheidung bedeutet Veränderung.** Beziehungen haben immer mit Entscheidungen zu tun. Die bewusste Entscheidung, aktiv an einer Beziehung zu arbeiten, bedeutet oft, dass sich etwas ändern muss. Das macht uns Angst. Trotzdem – es lohnt sich.

8. **Keine Entscheidung ist auch eine Entscheidung.** Wenn wir eine Entscheidung auf die lange Bank schieben, haben wir damit bereits eine Entscheidung getroffen. Nichtstun bedeutet, dass wir verändert werden – anstatt selbst aktiv zu verändern.

Kapitel 3

Der Beziehungskiller-Blues

In unseren Seminaren zu Beziehungsfragen gibt es immer eine Einheit zum Thema: Konfliktlösungen, bei denen es nur Gewinner gibt (mehr dazu in Kapitel 8). Nach einer solchen Einheit bei einem Eheseminar, das mein Sohn Michael hielt, kam ein offensichtlich gestresstes Paar auf ihn zu, Daniel und Lisa.[1]

Lisa begann: „Für unser Problem gibt es keine Lösung, von der wir beide profitieren. Völlig unmöglich. Mein Mann ist seit sechs Monaten arbeitslos, und wir können uns einfach nicht einigen, wo wir in Zukunft leben sollen."

Daniel erklärte, dass er sich überall beworben, aber keinen Arbeitsplatz gefunden hatte. Nun hatte es endlich geklappt, aber die neue Stelle war so weit entfernt, dass die Familie hätte umziehen müssen. Merklich verärgert schloss er: „Meine Frau will einfach nicht umziehen. Sie weigert sich. Da ist nichts zu machen." Beide schienen sehr müde, ein wenig wütend und ausgesprochen frustriert zu sein.

Michael fragte: „Was ist denn nun das eigentliche Problem?" „Das Problem ist, dass meine Frau unbedingt hierbleiben will. Wir wohnen schon zehn Jahre in dieser Stadt. Ich will aber umziehen, damit ich arbeiten und wieder für meine Familie sorgen kann."

Michael fragte: „Der Konflikt dreht sich also darum, ob Sie hierbleiben oder wegziehen?"

Daniel und Lisa nickten. Aber Michael schüttelte den Kopf und überraschte die beiden, indem er sagte: „Das ist nicht das eigentliche Problem." Und dann begann er ihnen darzulegen, welchen Tanz sie miteinander tanzten und wie dieser Tanz dabei war, ihre Beziehung zu zerstören.

Was ist das eigentliche Problem?

Das augenscheinliche Problem von Daniel und Lisa war nicht das eigentliche Problem. Damit sind wir bei einer weiteren Beziehungswahrheit angelangt: Das augenscheinliche Problem ist meist nicht das eigentliche Problem.

Denken Sie einmal an die Knackpunkte in Ihren Beziehungen. Wo, denken Sie, liegt das Problem? Versuchen Sie, es genau zu benennen. Und jetzt denken Sie an die Beziehungswahrheit, dass nämlich der benannte Konflikt vielleicht gar nicht der eigentliche Kern des Problems ist.

Das augenscheinliche Problem ist meist nicht das eigentliche Problem.

Welches Problem hatten Daniel und Lisa? Michael stellte einige vorsichtige Fragen, die halfen, zum eigentlichen Kern der Sache vorzustoßen.

Er fragte Lisa: „Was wäre denn, wenn Sie umziehen würden? Was ist daran so problematisch?"

„Meine Familie und meine Freunde wären nicht mehr in der Nähe", lautete die Antwort.

„Aber warum ist das ein Problem?", so die zweite vorsichtige Frage.

Lisa sagte: „Ich brauche sie, weil sie mich unterstützen."

Michael erwiderte: „Aber Sie haben doch Ihren Mann, der Sie unterstützen wird. Sie werden neue Freunde finden. Warum fällt es Ihnen so schwer, gerade diese besondere Gruppe von Menschen zu verlassen?"

Lisa überlegte einige Minuten hin und her, dann kam der entscheidende Satz: „Ich habe einfach nicht das Gefühl, dass ich im Leben meines Mannes an erster Stelle stehe."

„Aha", hakte Michael ein, „jetzt kommen wir der Sache schon näher."

Lisa hatte es geschafft, das eigentliche Problem zu benennen, und das war nicht der bevorstehende Umzug. „Ich fühle mich unwichtig, nicht richtig wahrgenommen. Deshalb bin ich so gegen den Umzug. Ich habe einfach Angst, ganz allein dazustehen." Sie kämpfte mit den Tränen.

Daniel hatte sich das alles schweigend angehört. Auch ihm stellte Michael einige Fragen. Schließlich sagte er, ebenfalls sichtlich bewegt, zu seiner Frau: „Weißt du, ich fühle mich einfach nicht als richtiger Mann.

Und ich habe Angst, dass das so bleiben wird, wenn wir hierbleiben. Ich komme mir so ohnmächtig vor. Ich habe das Gefühl, dass deine Familie unser Leben vollkommen kontrolliert."

Es wurde ganz klar: Das Problem war nicht der Umzug. Das Problem war vielmehr, dass Lisa sich unwichtig vorkam und dass Daniel das Gefühl hatte, durch die dominante Familie seiner Frau keine Kontrolle mehr über sein Leben zu haben.

Und noch etwas kam bei dem Gespräch heraus, etwas Entscheidendes: Beide hatten Angst.

Wie ist das mit Ihnen? Stellen Sie sich doch auch einmal die „Was-wäre-wenn"-Frage. Vielleicht führt Sie das zum eigentlichen Kern Ihrer Beziehungsprobleme.

Das Kernproblem

Um es schnell auf den Punkt zu bringen: Das Kernproblem ist Angst. Das war es bei Daniel und Lisa, und das ist es auch bei allen anderen Beziehungskämpfen.

Ich wage eine kühne Behauptung: Jeder Mensch auf dieser Erde kämpft mit einer tief sitzenden Angst. Das gilt für mich und für Sie und für jeden. Diese Behauptung wird sicher spontan auf Widerspruch stoßen. Ich meine damit nicht die Angst, die von einer konkreten Bedrohung herrührt. Ich meine vielmehr die Angst vor Versagen, die Angst vor Einsamkeit oder die Angst, nicht geliebt zu werden.

Jeder Mensch kämpft mit einer Grundangst.

Bei näherem Hinsehen ist dieser Gedanke auch gar nicht so überraschend. Das Problem begegnet uns schon bei Adam und Eva.

Am Anfang lief es für Adam und Eva richtig gut: Die Beziehung zueinander und die Beziehung zu Gott war perfekt und erfüllend. Aber in dem Moment, in dem sie Gottes Gebot übergingen und stattdessen dem Rat der Schlange folgten, übernahm die Angst das Regiment. Sie zerstörte die intakten Beziehungen, in denen sie bis dahin gelebt hatten. Diesen zerstörerischen Effekt spüren wir bis heute.

Was ist das für eine Angst, die wir in uns tragen? Sie ist bei Männern und Frauen unterschiedlich. Die Grundangst der Frau hat mit Isolation und Getrenntsein zu tun. Frauen haben Angst, nicht beachtet oder nicht geschätzt zu werden oder die Liebe zu verlieren. Die Grundangst des Mannes ist verbunden mit Hilflosigkeit oder Kontrolliertwerden. Männer haben Angst, zu versagen oder als schwach entlarvt, besiegt zu werden. In irgendeiner Ausprägung kämpft jeder Mensch mit einer dieser Grundängste.[2] Und sie wirken sich in unseren Beziehungen aus, nicht nur in Ehen und Partnerschaften, sondern auch in Freundschaften und anderen Begegnungen.

Natürlich variiert die Art und Weise, wie Menschen ihre Grundangst artikulieren. Der eine fühlt sich abgelehnt oder verlassen, der andere bloßgestellt oder respektlos behandelt. Nicht immer tauchen dabei Begriffe wie „Hilflosigkeit" oder „Missachtung" auf. Wichtig ist dabei nur Folgendes: *Wenn wir nicht verstehen, wo unsere Grundangst liegt und wie wir in Situationen reagieren, in denen sie ins Spiel kommt, werden unsere Beziehungen leiden.* Und zwar immer wieder!

Die meisten Menschen wissen gar nicht, wo bei ihnen diese Grundangst liegt. Sie wissen nicht, dass sie hinter jeder schwierigen Beziehung lauert. Um sie herauszufinden, hilft vielleicht die unten stehende Liste. Eines fällt dabei auf: Die meisten Grundängste stehen in unmittelbarem Zusammenhang mit zwei „Hauptängsten": der Angst, kontrolliert zu werden (Macht zu verlieren), und der Angst, den Kontakt zu verlieren (Trennung von für uns wichtigen Menschen, Einsamkeit).

(Ein Tipp zum Weiterlesen: Lesen Sie jetzt dieses Kapitel zu Ende, und machen Sie dann den Test im Anhang.)

Meine Grundangst ist das Gefühl (von) …

1. Hilflosigkeit, Machtlosigkeit. Das Gefühl, kontrolliert zu werden.
2. Ablehnung, als ob Menschen mich bewusst aus ihrem Leben ausschließen.
3. verlassen oder zurückgelassen zu werden, wie bei einer Scheidung.
4. Isolation, nicht im Kontakt mit anderen zu sein, allein zu sein.
5. zu versagen.

6. nicht geliebt zu werden. In keinster Weise liebenswert zu sein.
7. Unvollkommenheit. Etwas stimmt nicht mit mir, ich bin das Problem.
8. Unzulänglichkeit. Alle anderen sind besser als ich.
9. emotionalem und/oder körperlichem Schmerz.
10. ein Heuchler oder Angeber zu sein.
11. Minderwertigkeit. Alle anderen stehen über mir, sind wertvoller.
12. betrogen oder ausgenutzt zu werden.
13. mich unwichtig zu fühlen. Was ich tue oder sage, wird ignoriert oder kleingemacht.
14. des Unerfülltseins, als ob ich nie zu einem zufriedenen, erfüllten Leben finden könnte.
15. gedemütigt zu werden. Ich habe keine Würde und keinen Respekt vor mir selbst.
16. manipuliert zu werden. Andere täuschen mich.
17. isoliert zu sein. Andere wollen mich bewusst ignorieren.

Es ist entscheidend, dass wir unsere Grundangst identifizieren. Machen Sie es sich ganz deutlich: Bei welcher Formulierung macht es bei Ihnen „Klick"? Was genau ist Ihre Grundangst? Wenn Sie das deutlich benennen können, wird es leichter sein, die Schritte, die ich noch beschreiben werden, umzusetzen, die unsere Beziehungen auf ein festes Fundament stellen. Eine ganz neue Welt wird sich auftun – das habe ich selbst erlebt.

Der Beziehungskiller-Blues

Wir müssen unsere Grundangst kennen, weil sie quasi die Begleitmusik für den Tanz ist, nach dem unsere Beziehungen sich bewegen. Wir nennen dieses Grundmuster den „Beziehungskiller-Blues". Und die Musik, die diesen Tanz beflügelt, ist die Angst. Nun würde man annehmen, dass niemand sich *freiwillig* für diesen Tanz der Angst entscheidet. Jeder würde doch lieber den Tanz der Liebe oder der Freude tanzen, jedenfalls etwas Positives. Aber solange wir den Beziehungskiller-Blues nicht verstehen und solange uns nicht klar ist, wie wir uns ihm *bewusst* verweigern können, solange wird er in den meisten Beziehungen der Standardtanz sein.

Wie funktioniert dieser Tanz, der Beziehungen zerstört? Nehmen wir ein Beispiel aus der Ehe meines Sohnes Greg und seiner Frau Erin, das deutlich macht, wo ihre Grundangst liegt: Greg hat Angst zu versagen, Erin fürchtet das Gefühl, missachtet zu werden.

Unsere Grundangst ist die Musik für den Tanz, nach dem wir uns in unseren Beziehungen bewegen.

Erin ist Krankenschwester. Eines Abends hat sie Spätdienst, und Greg langweilt sich allein zu Hause. Er räumt gerne um und erwählt an diesem Abend das gemeinsame Schlafzimmer zu seinem nächsten Projekt. Normalerweise hat Erin nichts dagegen. Also verschiebt er das Bett, hängt die Regale mit den darauf stehenden Nippes um, stellt die Kommode an einen anderen Platz, kurzum – er gibt dem Schlafzimmer ein ganz neues Aussehen. Nach getaner Arbeit geht er ins Bett.

Einige Zeit später kommt Erin nach Hause. Sie macht das Licht nicht an, denn sie will ihren Mann nicht stören. Auf Zehenspitzen schleicht sie ins Schlafzimmer und stößt sich prompt das Schienbein an einem Tisch, der vorher nicht dort stand. Sie kommt ins Stolpern, will sich an der Wand abstützen und bringt dabei ein Paar antike Skier ins Rutschen, die als „Dekoobjekt“ an ebendieser Wand lehnen. Die Skier krachen auf das Regal, auf dem ihre heiß geliebten und über lange Jahre gesammelten Porzellanfiguren stehen. Die meisten ihrer Schätze zerbrechen, was heil bleibt, fliegt Greg um die Ohren.

Von dem Getöse und von Erins Schreien wird Greg wach. Er springt aus dem Bett, vergisst aber dabei, dass er ja umgeräumt hat, und schlägt sich an der Wand die Nase blutig. Nicht gerade eine typische Nacht.

Kaum ist das Licht an, fangen die beiden an, sich anzuschreien. Erin kritisiert Greg, weil er die Möbel umgeräumt hat, ohne das mit ihr abzusprechen; ihre Wut gibt Greg das Gefühl, versagt zu haben. Er spielt Erins Bedenken herunter und verteidigt seine Entscheidung, die Möbel umzustellen; seine Worte wiederum lösen in ihr das Gefühl aus, dass ihre Meinung nicht wichtig ist. Sie schreien sich an, jeder verteidigt seine Position,

Zynismus und Sarkasmus kommen ins Spiel – der Tanz der Angst ist in vollem Gange.

Was war passiert? Jeder hatte auf den „Angstknopf“ des anderen gedrückt. Erin hatte Gregs Angst vor dem Versagen geweckt, Greg hingegen Erins Angst vor Missachtung. Mehr war gar nicht nötig, um einen wilden Tanz zu eröffnen. Wir legen uns sehr ins Zeug, um den anderen dazu zu bringen, dass er uns nicht länger mit unserer Grundangst konfrontiert. Dabei ist die Realität, dass solche Situationen Chancen sind: Sie geben uns die Gelegenheit, uns für einen besseren Weg zu entscheiden, auf dem wir auf eine gesunde Art und Weise mit unserer Angst umgehen.

Greg und Erin haben diesen Beziehungskillertanz jahrelang getanzt. Jeder größere Streit in ihrer Ehe folgte demselben Muster. Sie erkannten das Grundmuster relativ rasch, aber sie kannten kein Gegenmittel. Meist endete es damit, dass sich einer von beiden beleidigt zurückzog. Die Lage beruhigte sich, aber beim nächsten Mal ging alles wieder von vorne los.

Das ging so lange, bis sie endlich die einzelnen Schritte in diesem Tanz verstanden und erkannten, welche *Entscheidungen* sie treffen mussten, um den Rhythmus zu unterbrechen und einige wichtige neue Tanzschritte zu lernen.

Kommt Ihnen das irgendwie bekannt vor? Finden Sie sich in dem Verhalten von Greg und Erin wieder? Diese Dynamik begegnet uns ja nicht nur in der Ehe, sondern auch in jeder anderen Beziehung. Der Beziehungskiller-Blues ist sehr weit verbreitet. Erkennen Sie ihn in Ihren schwierigen Beziehungen? Gibt es Menschen, die Ihren „Angstknopf“ drücken? Wie reagieren Sie darauf?

Die Tanzschritte

Welche Schritte gibt es beim Beziehungskiller-Blues? Die Grafik zeigt, was in uns vorgeht und wie unser Handeln bei anderen ein gleiches oder ganz ähnliches Muster erzeugt.

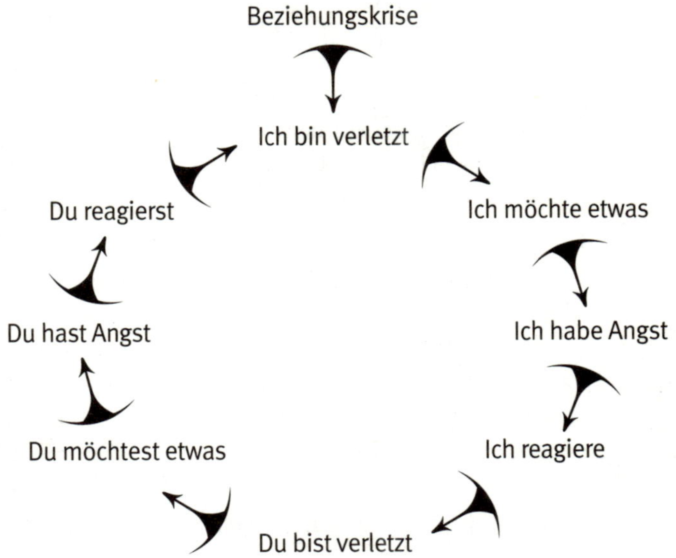

Schauen wir uns noch einmal Gregs und Erins turbulente Nacht an. Vielleicht können wir die vier Tanzschritte wiedererkennen: Verletzung, Bedürfnis/Wunsch, Angst, Reaktion.

Fangen wir mit Erin an. Das Problem entstand, weil Greg das Schlafzimmer umgeräumt hatte, ohne vorher mit ihr darüber zu sprechen.

1. Erin *ist verletzt*. Hier kommt wieder die schon genannte Beziehungswahrheit ins Spiel: *Das augenscheinliche Problem ist nicht das eigentliche Problem.* Das Problem ist nicht, dass Greg die Möbel im Schlafzimmer umgestellt hat. Viele Frauen wären davon sicherlich begeistert! Das eigentliche Problem ist, dass er Erins Meinung nicht für wertvoll oder wichtig genug hält, um so eine Aktion vorher mit ihr abzusprechen. Das verletzt Erin.

2. Erin *möchte* etwas. Sie möchte anerkannt werden. Greg soll ihre Gefühle, Ideen und ihren Schmerz verstehen. Sie möchte, dass er die Tatsache anerkennt, dass sie sich von ihm übergangen fühlt, und dass seine Entscheidung für sie körperlichen Schmerz und den Verlust ihrer Sammlung von Porzellanfiguren bedeutet. Sie möchte, dass ihr Mann auf ihre

Bedürfnisse eingeht. Sie sieht in ihm nicht nur die Ursache des Problems, sondern auch die Lösung und die Erfüllung ihrer Bedürfnisse und Wünsche. Sie möchte, dass er sein Verhalten ändert, damit sie sich nicht mehr ausgegrenzt und missachtet fühlt.

3. Erin *fürchtet* etwas. Als Erin spürt, dass Greg nicht bereit und nicht fähig ist, ihre Bedürfnisse zu erfüllen, bekommt sie Angst. Angst, dass sie ausgegrenzt und missachtet wird. Letztendlich fürchtet sie, dass die Verbindung zu Greg abreißt. Sie denkt: *Wenn er nicht anerkennt, wer ich bin, was ich tue oder was ich fühle, dann will er vielleicht auch nicht mehr mit mir zusammen sein.*

4. Erin *reagiert.* Sie reagiert aus ihrer Angst heraus und fängt an, Greg anzuschreien. Sie fordert: „Wie kannst du nur das Schlafzimmer umräumen, ohne das mit mir abzusprechen?“ Sie macht ihn klein und kritisiert ihn. Mit ihrem Wutausbruch will sie nur eines erreichen: dass er sein Verhalten ändert. Denn Erin ist davon überzeugt, dass Greg ihr Problem ist.

Schauen wir uns jetzt an, was in Greg vor sich geht, als Erin auf ihre Verletzung, ihre Wünsche und ihre Angst reagiert.

1. Greg *ist verletzt.* Als Erin anfängt, Greg mit Fragen und Kritik zu bombardieren, fühlt er sich verletzt. Er versteht einfach nicht, warum sie die ganze Angelegenheit nicht als Verkettung unglücklicher Umstände sehen kann. Er hat es gut gemeint, und urplötzlich ist daraus eine einzige Katastrophe geworden.

2. Greg *möchte* etwas. Er möchte das Gefühl haben, als Ehemann erfolgreich zu sein. Von Erin möchte er, dass sie ihm dabei hilft. Auch er sieht in ihr nicht nur die Ursache des Problems, sondern auch die Lösung: die Erfüllung seiner Bedürfnisse und Wünsche.

3. Greg *fürchtet* etwas. Als Greg spürt, dass Erin ihm nicht dabei helfen möchte, sich erfolgreich zu fühlen, fürchtet er, ein Versager zu sein. Er denkt: *Ich bin ein lausiger Ehemann. Ich verletze meine Frau. Ich kann überhaupt nichts richtig machen.*

4. Greg *reagiert.* Er reagiert aus seiner Angst heraus und fängt an, Erin anzuschreien. Er möchte, dass Erin ihr Verhalten ändert, damit er sich nicht länger als Versager fühlt. Sie ist sein Problem. „Erin, ich wusste nicht, dass ich dir Bescheid sagen soll, bevor ich die Möbel umstelle. Wenn du das

möchtest, dann musst du mir das auch vorher sagen. Ich kann schließlich keine Gedanken lesen. Mach doch jetzt nicht so einen Aufstand. Es ist nun einmal passiert. Es war ja schließlich keine Absicht. Du bist ja auch nicht perfekt." All diese Worte führen dazu, dass Erin sich noch kleiner und unwichtiger vorkommt. Und so geht der Tanz munter weiter.

Ihr persönlicher Beziehungskiller-Blues

Sie können verstehen, wie der Rhythmus des Beziehungskiller-Blues in Ihrem Leben aussieht, wenn Sie die vier Tanzschritte auf sich übertragen. Wie sieht Ihr persönlicher Beziehungskiller-Blues aus?

1. Sie sind *verletzt*. Wie sieht das bei Ihnen aus? Wenn Sie verletzt werden, erleben Sie sicherlich eine ganze Bandbreite von Gefühlen: Erstaunen, Traurigkeit, Wut, Verwirrung, Sorge, Ärger, Frust, Panik, Unwohlsein, Verlust. Es gibt sicher noch viele Bezeichnungen für die Verletzungen, die Sie erleben oder erlebt haben.

Der andere ist beides: das Problem und die Lösung.

2. Sie *möchten* etwas. Wer verletzt ist, hat das Bedürfnis, eine Lösung für sein Problem zu finden. Sie möchten etwas haben oder erleben, mit dem Sie sich besser fühlen. Auch hier gibt es eine große Bandbreite: Essen, Einkaufen, übertriebene Fürsorge für die Kinder, Alkohol. Sie legen in Gedanken eine Liste von Dingen an, die Ihre Bedürfnisse befriedigen. Zumindest glauben Sie das. Vielleicht reduzieren Sie den Konflikt auch auf den einen Gedanken, der Ihnen als die perfekte Lösung erscheint: Wenn der andere sich ändert, dann würde es mir sicherlich besser gehen.

Oft erwarten wir unbewusst, dass der andere sich ändert, damit wir das bekommen, was wir uns wünschen. Der andere ist beides: das Problem und die Lösung. Wir denken: *Wenn mein Mann/meine Frau sich doch bloß ändern würde. Wenn ich einen anderen Chef hätte, dann würde es auch mit der Beförderung klappen. Wenn er doch bloß … Wenn doch meine Freunde bloß …* Am Schluss dieser Gedanken steht immer dasselbe: *Dann wäre ich glücklich.*

Erkennen Sie den roten Faden, der sich durch dieses Denken zieht? Er lässt sich mit zwei Worten beschreiben: *unangemessene Erwartungen.* Die Erwartung, dass Menschen, Orte oder Dinge unsere Wünsche erfüllen, kann nur enttäuscht werden. Immer, wenn wir unsere Hoffnung auf Hilfe an die falsche Sache oder die falsche Person binden, wird nur eins dabei herauskommen: Angst.

Erwarten Sie nicht, dass der andere die Lösung für Ihr Problem ist.

Unsere Bedürfnisse

- Angenommensein – Ich möchte bedingungslos angenommen werden.
- Gnade – Ich möchte etwas Gutes (z. B. Vergebung), das ich eigentlich gar nicht verdiene.
- Verbindung – Ich möchte mit anderen vereint sein, eine enge Verbindung zu ihnen haben.
- Gemeinschaft – Ich möchte tiefe, intensive Beziehungen.
- Erfolg – Ich möchte etwas erreichen.
- Selbstbestimmung – Ich möchte unabhängig sein und Entscheidungsfreiheit haben.
- Verständnis – Ich möchte erfahren, dass jemand mich wirklich kennt.
- Liebe – Ich möchte das Gefühl haben, für andere anziehend zu sein.
- Wertschätzung – Ich möchte, dass andere mich so schätzen, wie ich bin.
- Kompetenz – Ich möchte Begabungen und Fähigkeiten haben, die sich mit Erfolg einsetzen lassen.
- Respekt – Ich möchte anerkannt und geachtet werden.
- Wert – Ich möchte mich wichtig fühlen.
- Ehre – Ich möchte das Gefühl haben, dass mein Leben einen unschätzbaren Wert darstellt.
- Verbindlichkeit – Ich möchte in meinen Beziehungen unbedingte Sicherheit erleben.
- Bedeutung – Ich möchte sinnvoll und zielgerichtet leben.
- Aufmerksamkeit – Ich möchte beachtet werden.
- Behaglichkeit – Ich möchte mich wohlfühlen.

- Unterstützung – Ich möchte, dass man sich um mich kümmert.
- Bestätigung – Ich möchte gemocht und akzeptiert werden.
- Beachtung – Ich möchte, dass man sich um mich bemüht.
- Sicherheit – Ich möchte mich beschützt und sicher fühlen.
- Zuneigung – Ich möchte Wärme und Freundlichkeit spüren.
- Vertrauen – Ich möchte an andere glauben können.
- Hoffnung – Ich möchte sicher sein können, dass ich das bekomme, was ich liebe und mir wünsche.
- Freude – Ich möchte zufrieden und glücklich sein.

3. Sie *fürchten* etwas. Wenn ein Konflikt so starke Emotionen wie Verletztsein und Wünsche oder Bedürfnisse auslöst, dann rührt er auch an spezielle Ängste. Denken Sie einmal an solche Beziehungen, die Sie als schwierig empfinden. Sie möchten gern die Beziehung in Ordnung bringen, Nähe wiederherstellen; aber plötzlich kommt die Angst: „Vielleicht bin ich nicht attraktiv genug (kompetent genug, schlau genug)." Sie möchten akzeptiert werden, aber Sie fürchten, nicht gut genug zu sein. Sie möchten respektiert werden, aber Sie fürchten, dass man auf Sie herabschaut. Sie möchten die Situation unter Kontrolle haben, aber Sie fürchten, dass Sie sich als ohnmächtig erfahren könnten.

Ist Ihnen etwas aufgefallen? Unsere Ängste spiegeln zugleich unsere Wünsche oder Bedürfnisse wider. Wenn wir das Gefühl haben, dass unsere Bedürfnisse nicht erfüllt werden, erleben wir Angst:

Wir können nicht leben ohne …	**– also fürchten wir …**
Akzeptanz	Ablehnung
Gnade	Verurteilung
Verbindung	Beziehungsabbruch
Gemeinschaft	Einsamkeit
Erfolg	Versagen
Selbstbestimmung	Ohnmacht
Verständnis	Missverstandenwerden
Liebe	Verachtung
Wertschätzung	Missachtung

Kompetenz	Fehlbarkeit
Respekt	Minderwertigkeit
Wert	Wertlosigkeit
Ehre	Schmähung
Würde	Demütigung
Verbindlichkeit	Verlassenwerden
Bedeutung	Bedeutungslosigkeit
Zuneigung	Unbeliebtheit
Unterstützung	Vernachlässigung
Ermutigung	Verdammung
Beachtung	Nichtbeachtung
Sicherheit	Gefahr
Vertrauen	Misstrauen
Hoffnung	Verzweiflung
Freude	Unglücklichsein

Das sind vierundzwanzig Wünsche und Ängste. Aber eigentlich kann man sie auf zwei tief in uns wohnende Bedürfnisse reduzieren: das Bedürfnis nach Verbindung (nach Beziehungen) und der Wunsch nach Kontrolle. Unsere tiefsten Ängste sind demzufolge die Angst davor, dass Verbindungen abreißen, und davor, dass uns die Kontrolle entgleitet.

4. Sie *reagieren*. Wenn jemand Ihren Angstknopf drückt, werden Sie höchstwahrscheinlich – bewusst oder unbewusst – in sorgfältig eingeübte Reaktionsmuster verfallen. Sie würden alles tun, um die Verletzung abzuschwächen und das schlimme Gefühl zu vermeiden, dass ein Wunsch nicht erfüllt, ein Bedürfnis nicht befriedigt wird. Sie werden alles tun, um die Angst in Schach zu halten.

Der Beziehungskiller-Blues

Der Anfang: Jemand drückt unseren Angstknopf, und wir reagieren meist heftig (in Wort und Tat). Damit wollen wir den anderen dazu anregen, sich zu ändern und uns das zu geben, was wir wollen. Unsere Reaktion spricht aber wiederum die Grundangst des anderen an, der seinerseits heftig reagiert. Der Grund: Auch er (oder sie) möchte, dass seine (oder ihre) Bedürfnisse befriedigt werden. Das Ergebnis: ein wilder Tanz der Angst.

Oft führen unsere Emotionen und unser Denken in ein Verhalten, das unseren Beziehungen schadet. Wir reagieren, wenn Wünsche nicht erfüllt zu werden drohen, wir versuchen, verloren geglaubte Kontrolle wiederzuerlangen, und wir klammern uns an Beziehungen, die zu zerbrechen drohen. – Wir werden zum Makler im Interesse unserer eigenen Bedürfnisse. Wir streben verzweifelt danach, dass wir bekommen, was wir wollen – dass wir die Lage souverän meistern und unsere Hilflosigkeit überwinden.

Das bedeutet, dass unsere Beziehungen nicht allein von unserer Grundangst gestört und beeinträchtigt werden, sondern auch von unserer Reaktion auf die Tatsache, dass jemand an diese Angst rührt. Und diese Reaktion ist eine mehr oder minder bewusste Entscheidung. Meist reagieren wir nämlich ungesund und falsch, einfach um diese Angst wieder in den Griff zu bekommen. Und darunter leiden unsere Beziehungen.

Ist der Beziehungskiller-Blues nur negativ?

Viele Menschen verteidigen ihren Beziehungskiller-Blues mit folgendem Argument: „Es mag ja nicht der beste Tanz sein, aber manchmal fühle ich mich danach besser. Das kann doch nicht nur schlecht sein.“ Viele unserer Reaktionen mögen ungesund und falsch sein, trotzdem dienen sie einem bestimmten Zweck: Wir fühlen uns in gewisser Weise besser, auch wenn die Beziehung Schaden nimmt.

Nehmen wir zum Beispiel die Reaktion „Rückzug“. Viele Männer reagieren so, wenn ihr Angstknopf gedrückt wird. Sie möchten nicht laut werden, aber sie wollen auch nicht, dass dieser Knopf ständig wieder gedrückt wird. Also gehen sie aus dem Feld. Sie schwingen sich auf ihr Motorrad, vergraben sich in ihrer Werkstatt oder verschwinden hinter der Zeitung, die sie gerade lesen.

Dadurch fliehen sie vor dem Konflikt, physisch oder emotional. Diese Reaktion ist ein reiner Schutzmechanismus, aber für die Beziehung hat sie verheerende Folgen, denn fast immer wird sie bei der betroffenen Frau die Angst auslösen, dass die Verbindung abreißt. Und das ist neuer Treibstoff für den Tanz.

Natürlich ist Rückzug nur *eine* Art der Reaktion. In der Tabelle unten finden Sie die häufigsten Reaktionen auf die Angst, dass Wünsche und Bedürfnisse nicht erfüllt werden.

Reaktion	**Erklärung**
Rückzug	Der andere wird gemieden. Man zieht sich ohne Lösung zurück; es wird geschmollt.
Eskalation	Die Emotionen geraten außer Kontrolle; es wird gestritten, geschrien; man steigert sich in seine Wut hinein.
Herabsetzung oder Sarkasmus	Der andere wird durch Wort oder Tat abgewertet; er wird beschimpft und absichtlich verletzt.
Negative Überzeugungen	Der andere wird schlimmer gemacht, als er/sie ist; er/sie wird in negativem Licht gesehen; ihm/ihr werden negative Motive unterstellt.
Schuld zuschieben	Die Verantwortung wird dem anderen in die Schuhe geschoben, das eigene Fehlverhalten ignoriert; der andere wird als alleinige Ursache des Problems gesehen.

Übertreibung	Es wird schamlos übertrieben; Grenzen werden überschritten, die Wahrheit spielt nur eine untergeordnete Rolle.
Wutanfall	Das Temperament geht mit einem durch, man rastet aus.
Leugnung	Die Wahrheit oder Realität wird geleugnet.
Missachtung	Der andere wird abgewertet; die Gefühle, Gedanken oder Taten des anderen spielen keine Rolle mehr.
Verteidigungshaltung	Man hört nicht mehr zu, sondern gibt lediglich Erklärungen ab, um sich zu verteidigen.
Klammern	Man entwickelt eine starke emotionale Bindung oder Abhängigkeit vom Partner.
Passiv-aggressives Verhalten	Negative Emotionen, Ablehnung und Aggression kommen passiv zum Ausdruck, z. B. durch Verzögerungstaktik und Sturheit.
Übertriebene Fürsorge	Man macht sich verantwortlich für den anderen durch physische oder emotionale Unterstützung bis zum Punkt der Selbstaufgabe bzw. Unselbstständigkeit des/der anderen.
Extremverhalten	Drogen- oder Alkoholmissbrauch, Seitensprünge, Konsumexzesse, Essstörungen.
Überfunktionieren	Man tut das, was eigentlich der/die andere tun sollte; man übernimmt zu viel Verantwortung.
Lösungsfixierung	Man konzentriert sich ausschließlich auf das, was vermeintlich fehlt, um das Problem zu lösen.
Nörgeln	Man sagt dauernd, wie unglücklich man ist; macht Vorwürfe (unausgesprochen oder verbal).
Aggression oder Missbrauch	Verbale oder körperliche Aggression, möglicherweise Missbrauch.
Manipulation	Der/die andere wird zum eigenen Vorteil kontrolliert.
Wut und Zorn	Der Ärger wird auf extreme Art geäußert (Gewalt oder unkontrollierte Emotionen).

Maßlose Übertreibung	Auf dramatische oder übertriebene Art wird dargestellt, dass die Beziehung in Gefahr bzw. gescheitert ist.
Abstumpfung	Es werden keinerlei Emotionen gezeigt; die Bedürfnisse und Probleme des/der anderen spielen keine Rolle.

Wir alle tanzen den Beziehungkiller-Blues zum Rhythmus der Angst

Der Beziehungskiller-Blues kommt in jeder Beziehung vor, weil er zu dem Vermächtnis gehört, das der Sündenfall uns hinterlassen hat. Und es braucht keine lange Vorbereitung, um in ihn einzusteigen. Innerhalb von Augenblicken kann er sich zu einem absolut rasanten Tempo steigern.

Selbst kleine Kinder beherrschen ihn schon. Ein Freund erzählte mir von seinem zweijährigen Sohn, der seine Mutter zu diesem Tanz „aufforderte". Nun könnte man fragen: Welche Ängste kann ein Zweijähriger schon haben? Aber in diesem Alter beginnen bereits die ersten kleinen Machtkämpfe mit den Eltern. Die Kleinen versuchen, partout ihren Kopf durchzusetzen, und rühren damit an die Grundangst ihrer Mütter: „Mein Kind liebt mich nicht." Kinder verschenken ihre Gunst phasenweise. Mal ist die Mutter die Favoritin, dann wieder der Vater. Der Vorfall, von dem mein Freund erzählte, fiel in eine Phase, in der er in der Gunst seines Sohnes ganz oben stand. Das war natürlich seiner Mutter Jennifer nicht entgangen. Eines Abends stieß sich der kleine Jan den Kopf. Seine Mutter wollte ihn trösten, aber er rannte sofort zu Papa und kletterte auf dessen Schoß. Und schon kam der Beziehungskiller-Blues in Schwung. Jennifer wollte sich diesmal durchsetzen und ihren Sohn trösten, um damit sich selbst zu zeigen: „Es ist alles in Ordnung. Mein Sohn liebt mich." Jan spürte die Erwartungen seiner Mutter und wehrte sich dagegen, indem er sich von ihr nicht trösten ließ. Er wollte sich nicht Jennifers Willen aufzwingen lassen. Jennifer griff zu einem uralten Trick. Sie fing an, mit Jans zwei Jahre älterer Schwester zu schmusen. Das wirkte! Nur Augenblicke später saßen beide Kinder auf ihrem Schoß, und Mutter und Kinder hielten eine ausgiebige „Kuschelzeit".

Erkennen Sie die Schritte des Tanzes, den Mutter und Sohn tanzen? Verletzung, Wunsch, Angst, Reaktion. Natürlich ist das keine gesunde Situation, und das weiß Jennifer auch. Sie ist sich im Klaren darüber, dass das Verhältnis zu ihrem Sohn in späteren Jahren schwierig werden kann, wenn sie ihn weiterhin so manipuliert, dass er ihre Wünsche und Bedürfnisse erfüllt und sie von ihren Ängsten befreit. Jede Mutter und jeder Vater, der sich von dem Gedanken leiten lässt: *Ich werde mich in der Beziehung zu meinem Kind wohlfühlen, wenn ich es dazu bringe, sich so zu verhalten, dass ich mich von ihm geliebt fühle,* steuert auf harte Zeiten in der Beziehung zum Kind zu. Das Kind wird sehr schnell nach Wegen suchen, sich der Kontrolle durch die Eltern zu entziehen. Und eines Tages werden sich die Eltern fragen: *Warum heiratet sie ausgerechnet diesen Mann? Sie weiß doch, dass wir dagegen sind.*

Auch unter Kollegen kommt der Beziehungskiller-Blues vor. Vor Kurzem sprach ich in einem Interview darüber, und habe dabei etwas erwähnt, was bei einem unserer Mitarbeiter sämtliche Alarmglocken zum Läuten brachte. Er reagierte nicht sofort, jedenfalls nicht sichtbar, aber am nächsten Tag machte er sich in einer Teambesprechung Luft. Was war passiert? In dem Interview hatte ich eher beiläufig erwähnt, dass wir bei unseren Mitarbeitern einige Veränderungen planten, um den Kundenservice zu verbessern. Dabei hatte ich allerdings keinerlei Details erwähnt. Bei dem Mitarbeiter löste das aber eine ganze Flut von Gedanken aus: Welche Veränderungen werden das sein? Werde ich vielleicht entlassen? Oder muss ich mich auf ein ganz neues Arbeitsgebiet einstellen? Er konnte die ganze Nacht nicht schlafen. Nach seinem Gefühlsausbruch in der Besprechung beruhigte er sich schnell wieder, als ich auf seine Fragen einging, und die Situation entspannte sich. Seine Grundangst, die aktiviert worden war, war die Angst vor Versagen. Hätten wir nicht um den Beziehungskiller-Blues gewusst und die Tanzschritte verstanden – unsere Beziehung hätte ernsthaften Schaden genommen. Als er erst einmal merkte, dass seine Abteilung von den Veränderungen überhaupt nicht betroffen sein würde, lachten wir beide und staunten wieder einmal darüber, welche Macht in dem Wissen um die Grundangst des anderen liegt.

Wenn man sich intensiv mit dem Beziehungskiller-Blues und der eigenen Grundangst auseinandersetzt, merkt man irgendwann, dass in Beziehungen immer die gleichen Konflikte auftauchen. Bei der Arbeit an diesem Kapitel fielen mir wieder zwei Freundschaften ein, die zerbrochen waren. Ich dachte erneut darüber nach, was falsch gelaufen war, und dabei kamen mir schmerzliche Bilder vor Augen: In der Grundschule war ich von einigen Jungs böse gehänselt worden. Die Muster von Verletzung, Bedürfnis, Angst und Reaktion, die meine Schulhofbeziehungen prägten, machen mir auch als Erwachsener noch zu schaffen. Ich tanze immer noch denselben Tanz.

Ich habe zwei Grundängste: von anderen kontrolliert zu werden und von anderen herabgesetzt zu werden. Fehlendes Wissen und fehlendes Verständnis in diesen Bereichen haben dazu geführt, dass ich zwei wirklich gute Freunde verloren habe. Vor vielen Jahren sagten sie mir in unterschiedlichen Situationen Dinge, die in mir das Gefühl auslösten, sie wollten über mich bestimmen und mich herabsetzen. Sie hatten es so überhaupt nicht gemeint, aber ich hatte mich entschieden, ihre Worte in dieser Weise aufzufassen. Menschen, die meinen Angstknopf drücken, greife ich verbal heftig an. Das ist meine normale Reaktion. Hinterher tut mir das immer sehr leid, und ich habe das Gefühl: „Das warst gar nicht du, der all das gesagt hat. Das war jemand anders." In solchen Momenten verliere ich leicht die Kontrolle, und das war auch bei diesen beiden Freunden nicht anders. Ich habe sie sehr verletzt und sicherlich auch an ihre Grundängste gerührt. Die Beziehungen zerbrachen. Wir haben uns auch nicht mehr getroffen, weil wir Angst hatten, dass das Ganze sich noch einmal wiederholt. Mehr als fünfzehn Jahre lang haben wir keinen Kontakt gehabt. Letztes Jahr habe ich mit beiden einen E-Mail-Austausch angefangen, und zu meiner großen Überraschung sind beide Beziehungen wieder in Ordnung gekommen. Wir hatten dazugelernt und brachten mehr Verständnis füreinander auf. Jeder hat dem anderen aufmerksam zugehört, und wir konnten die Freundschaften wiederbeleben.

Wenn Freunde oder Paare nicht verstehen, wie die verletzenden Verhaltensmuster in ihrer Beziehung geändert werden können, dann werden sie jahre- und jahrzehntelang den immer gleichen Konflikt austragen. Nichts wird beigelegt oder besser werden. Bestenfalls resigniert man, findet sich damit ab und erreicht niemals diese enge Verbindung, nach der man sich doch im tiefsten Innern so sehnt. Schlimmstenfalls gerät der Konflikt außer Kontrolle, und die Beziehung zerbricht.

Das gewohnte Muster aufgeben?

Wo immer wir dieses Modell des angstgetriebenen Beziehungskiller-Blues vorstellen, stoßen wir sofort auf Verständnis. Einmal beschrieben, versteht fast jeder die Dynamik dieses Tanzes. Schnell wird klar, welch verheerende Folgen er haben kann, wie gefährlich er ist und wie lange er in den eigenen Beziehungen schon getanzt wird.

Trotzdem können – oder wollen – manche Menschen ihn einfach nicht aufgeben. Warum? Weil sie damit „erfolgreich" auf der Stelle treten können und sich alles so normal anfühlt. Mit „erfolgreich" meine ich natürlich nicht hilfreich oder schön oder positiv. Ich meine damit, dass dieser Tanz, wenn man ihn einmal begonnen hat, jedes Mal zum gleichen Ergebnis führt – selbst wenn es nicht das ist, was man sich eigentlich erhofft hat.

Der Beziehungskiller-Blues garantiert den Erfolg. Auf ihn kann man sich unbedingt verlassen. Er arbeitet präzise und mit absoluter Genauigkeit. Sie werden mit absoluter Sicherheit dort landen, wo Sie *nicht* hinwollen.

Allerdings sollten wir hier mit uns selbst nicht zu hart ins Gericht gehen. Wir reagieren ungut, aber wir verfolgen damit trotzdem ein erstrebenswertes Ziel: Wir wollen die Beziehung aufrechterhalten. Dieses System könnte man daher als *„funktionierende Fehlfunktion"* (zweckmäßig, aber unbrauchbar) bezeichnen.

Es *funktioniert* insofern, als es dafür sorgt, dass zwei Menschen sich miteinander auseinandersetzen. In der Beziehung findet Interaktion statt, auch wenn sie mit permanenten Verletzungen verbunden ist. Die Beziehung funktioniert – auf eine schmerzliche, ungesunde und verrückte Art und Weise. Gleichzeitig zeigt das System jedoch auch eine krasse *Fehlfunktion.* Die Beziehung ist zwar noch da, aber sie ist gekennzeichnet von unglaublichem Schmerz. Die Partner tanzen den Beziehungskiller-Blues und können damit ihre Beziehung irgendwie fortsetzen. Aber es entsteht nicht die Art von Beziehung, die sie sich eigentlich wünschen.

Ein einfaches Beispiel macht das deutlich. Nehmen wir einmal an, Ihr Fahrrad ist kaputt, und Sie bringen es zu Ihrem Vater, damit der es repariert. Der kann sich kein vernünftiges Werkzeug leisten, also behilft er sich mit dem, was er finden kann: einem rostigen Nagel, einem gebogenen Draht usw. Die Reparatur ist „erfolgreich", das Fahrrad funktioniert wieder. Mit der Zeit gewöhnen Sie sich daran, dass der Lenker abfällt, wenn Sie bergab fahren, oder dass sich in einer scharfen Kurve das Hinterrad verabschiedet. Sie sammeln einfach alles wieder ein, gehen zu Ihrem Vater, und er „repariert" erneut. Sie mögen Ihr Fahrrad nicht besonders. Sie mögen auch die Narben an Schienbein und Ellbogen nicht, die Sie vom Fahrradfahren haben. Trotzdem – ohne dieses Fahrrad können Sie sich das Leben nicht vorstellen.

Was wäre wohl gewesen, wenn ein Fachmann Ihr Fahrrad angeschaut und Ihnen gesagt hätte, dass man da durchaus die eine oder andere Sache zum Positiven verändern könnte? Vielleicht hätten Sie Ihrem Vater davon erzählt. Und der hätte gesagt: „Hör mal zu, mein Kind, mein Vater hat mein Fahrrad auch repariert, und er hat es genauso gemacht wie ich. Das ist in unserer Familie seit Generationen so. Ich weiß, wie man Fahrräder repariert. Hör nicht auf den Mann."

Ihr Fahrrad würde in die Kategorie „funktionierende Fehlfunktion" gehören. Und wenn Sie nie ein anderes gehabt hätten, würden Sie es dann riskieren, mit einem anderen, für Sie völlig ungewohnten Fahrrad zu fahren? Wahrscheinlich nicht.

Genauso geht es vielen Menschen mit ihren Beziehungen. Ihnen gefällt nicht, wie ihre Freundschaften oder ihre Ehe „fahren", aber alle anderen scheinen genau dieselben Probleme mit wackelnden Hinterrädern und abfallenden Lenkern zu haben. Warum sollten sie riskieren, das, was sie kennen, einzutauschen gegen etwas, was sie sich noch nicht einmal vorstellen können? Da ist es doch besser, beim Gewohnten zu bleiben, egal, wie schmerzhaft es auch sein mag. Es funktioniert vielleicht nicht allzu gut, läuft aber immerhin so erfolgreich, dass immer wieder dasselbe (lausige) Ergebnis dabei herauskommt.

Das System ist perfekt! Aber schön ist es nicht.

Das Schlimmste am Beziehungskiller-Blues ist, dass er uns mit der Zeit abhängig macht. Unser Glück und unsere Erfüllung sind abhängig von anderen. Wir wenden uns an unsere Freunde oder Familienmitglieder und erwarten, dass sie unsere Bedürfnisse erfüllen. Und auch diese Abhängigkeit ist eine „funktionierende Fehlfunktion".

Wir sind als Gegenüber Gottes geschaffen, und als Menschen und Geschöpfe ist uns eine Art Gravitationskraft mitgegeben, die uns in eine Bezogenheit oder ein Angewiesensein hineinzieht. Das Problem ist nur: Dieses Angewiesensein, diese Abhängigkeit ist eigentlich für Gott reserviert. Er hat uns geschaffen, damit wir in Beziehung zu ihm leben, auf ihn angewiesen, und nicht abhängig von Ehepartnern, Freunden oder Vorgesetzten sind. Der Beziehungskiller-Blues funktioniert zwar, aber er bringt uns nicht dahin, wo wir hinwollen.

Ich frage Sie ganz offen: Wollen Sie harmonische und erfüllende Beziehungen erleben? Wollen Sie die Freude an engen Freundschaften, einer guten Ehe, gelingenden Begegnungen genießen, die Gott für uns vorgesehen hat, als er in uns diese Sehnsucht nach Beziehung schuf? Dann fangen Sie damit an, dass Sie sich klarmachen, dass der ungesunde Tanz und die ungesunden Reaktionen, die er bewirkt, nicht *funktionieren* werden. In Beratungsgesprächen sagen wir Klienten gern: „Ich sage Ihnen nicht, dass Sie diese Reaktionen abstellen sollen. Aber, wenn Sie sie beibehalten, werden Sie nie das voll ausschöpfen können, was Gott sich im Blick auf Beziehungen für Sie vorgestellt hat. Für die Ergebnisse, die Sie erzielt haben, eignet sich der Tanz ganz hervorragend. Wenn Sie aber zu anderen Ergebnissen kommen wollen, müssen Sie den Rhythmus dieses Tanzes durchbrechen und einen ganz neuen Tanz lernen."

Den Rhythmus durchbrechen

Es ist klar geworden, wie der Beziehungskiller-Blues Beziehungen verletzt, beschädigt und vielleicht sogar zerstört. Beziehungen, die uns wichtig sind. Vielleicht haben Sie nicht nur die unguten Verhaltensmuster erkannt, sondern Sie sind auch entschlossen, sie zu ändern. Sie wollen einfach nicht mehr zulassen, dass dieser Tanz Ihre Beziehungen ruiniert.

Aber was können Sie tun?

Mich erstaunt immer wieder, wie schnell sich manche Konflikte entschärfen, wenn die Beteiligten erst einmal erkannt haben, welche Rolle sie im Beziehungskiller-Blues eingenommen haben. Sind die Grundängste geklärt, steht oft schon die Lösung parat. In vielen Fällen hilft schon das Identifizieren des *eigentlichen* Problems.

Gehen wir noch einmal zurück zu Daniel und Lisa und der Frage ihres Umzugs. Nachdem sie im Gespräch mit meinem Sohn Michael ihre Grundängste erkannt hatten, wurde schnell klar, dass es eigentlich gar nicht um den Umzug ging. Sie verstanden die Grundwahrheit, die weiter vorne bereits angesprochen wurde: Der andere ist immer nur Teil des Problems.

Michael fragte Daniel, ob Lisa und ihre Familie schuld daran seien, dass er sich kontrolliert fühlt.

„Nein“, antwortete Daniel, „ich habe nur nie verstanden, dass das meine Grundangst ist.“ Auf die Frage, was er denn nun tun könne, sagte Daniel: „Ich muss tun, was ich für richtig halte, egal, wie ich mich dabei fühle. Und ich will aufhören, andere zu beschimpfen und anzugreifen, wenn ich mich kontrolliert fühle. Das ist mein Problem, nicht ihres. Und ich muss damit fertig werden.“

Lisa wurde mit der Frage konfrontiert, was sie tun kann, damit sie sich wertvoll und wichtig vorkommt.

„Ich kann mir vor Augen führen, was Gott von mir hält. Ich kann Dinge tun, die mir Spaß machen. Und ich kann aufhören, Daniel zu kontrollieren, und die Frau werden, zu der Gott mich eigentlich schon gemacht hat.“

Daniel legte den Arm um Lisa und sagte herzlich: „Ich danke dir, Lisa. Du bist mir wirklich wichtig.“ Der Anfang war gemacht.

Aber es ging noch weiter. Michael fragte Daniel: „Was können Sie tun, wenn Sie sich kontrolliert fühlen?“ Daniel nannte einige Möglichkeiten, die zeigten, dass er jetzt selbst die Verantwortung übernahm und sie nicht anderen aufbürdete.

Jetzt, da das eigentliche Problem erkannt war, sprach das Paar ganz offen miteinander. Lisa öffnete sich, und erstaunlicherweise war *sie* es, die künftige Grenzen im Umgang mit ihrer Familie beschrieb.

Kein Mensch sprach mehr von dem Umzug.

Michael sagte später: „Das war schon ein besonderer Moment, als sie zum eigentlichen Problem durchgedrungen waren und ihre Grundängste erkannt hatten.“

Daniel und Lisa erlebten in ihrer Beziehung einen Durchbruch, weil sie endlich aufgehört hatten, sich im tödlichen Rhythmus des Tanzes der Angst zu wiegen. Als das eigentliche Problem klar war, konnten sie in ihrer Beziehung neue Schritte wagen und vorwärtsgehen.

Ist das alles? Reicht das aus?

Ich glaube kaum. Den Angstauslöser zu erkennen, der einen Konflikt aufbrechen lässt, ist eine Sache. Eine ganz andere Sache ist es, den Rhythmus im Beziehungskiller-Blues zu durchbrechen. Daniel und Lisa haben aus der Sackgasse herausgefunden, die die Frage nach dem Wohnort für sie darstellte. Aber es liegt noch viel Arbeit vor ihnen. Das war der erste große Schritt! Aber um auf diesem neu entdeckten Weg weiter voranzukommen, müssen sie neue Tanzschritte lernen.

Darum wird es in den nächsten Kapiteln gehen. Dabei ist der erste Tanzschritt mein absoluter Favorit. Er hat in meinem Leben mehr bewirkt als alle anderen Schritte zusammen.

Das Leben dreht sich um Beziehungen;
alles andere sind Nebensächlichkeiten.

3-Minuten-Check: Der Beziehungskiller-Blues

1. **Das augenscheinliche Problem ist selten das eigentliche Problem.** Was wir für das Problem halten – Finanzen, der/die andere – ist nicht das Kernproblem.

2. **Das Kernproblem ist unsere Angst.** Das Problem bei fast jedem Konflikt ist, dass irgendetwas an der Grundangst der Beteiligten rührt. Wir ringen mit einer Grundangst.

3. **Jeder von uns ist am Beziehungskiller-Blues beteiligt.** Angestoßen durch die Grundangst, verfangen wir uns in einem zerstörerischen Tanz der Angst, bei dem unsere Verletzungen, Wünsche, Befürchtungen und Reaktionen eine Rolle spielen.

4. **Der/die andere ist nicht die Lösung.** Wenn wir verletzt sind, möchten wir, dass der/die andere sich ändert, um so die Verletzung aus der Welt zu schaffen. Aber andere zu verändern, ist nicht die Lösung.

5. **Der Beziehungskiller-Blues ist eine funktionierende Fehlfunktion.** Weil der **Beziehungskiller-Blues** von fast allen Menschen beherrscht wird, „funktionieren" sie inmitten einer eigentlichen Fehlfunktion. Sie entwickeln Mechanismen zur Bewältigung des Problems, die die Sache oft nur noch schlimmer machen.

6. **Wir können den Rhythmus dieses Tanzes der Angst durchbrechen.** Wenn wir unsere Grundängste erkennen und verstehen, dass der andere nicht das Problem ist, können wir auch anfangen, neue Tanzschritte zu lernen, die zu gesünderen Beziehungen führen.

Teil 2
Neue Tanzschritte

Kapitel 4

Die Macht des Einzelnen: Übernehmen Sie Verantwortung für sich selbst

Auch mein Sohn Michael und seine Frau Amy beherrschen den Beziehungskiller-Blues. Wie sie aufeinander reagierten, war nicht immer gesund und hilfreich.

Eines Tages kam Michael mit einem neuen Handy nach Hause – das sechste innerhalb eines halben Jahres. Er konnte einfach nicht widerstehen und hatte auch diesmal wieder seiner Begeisterung für die neuen Kommunikationsmittel nachgegeben. Dabei wusste er genau, dass Amy und er erst kürzlich über seine „Handyabhängigkeit" gesprochen hatten und er zugestimmt hatte, ohne Rücksprache mit seiner Frau kein neues mehr zu kaufen. Aber er war sich sicher: Wenn er die gute Nachricht mit dem nötigen Humor verkündete, würde sie sicherlich nicht böse sein. Michael ging also nach Hause und fragte Amy freudestrahlend: „Schatz, soll ich dir meine Nummer geben?"

Amy antwortete: „Ich habe doch deine Nummer." Michael, ganz siegessicher, sagte lächelnd: „Aber nicht *diese*," und zeigte ihr das neue Handy.

Schlagartig verschwand die lockere Stimmung. Amy explodierte: „Du bist so was von verantwortungslos! Wie konntest du nur! Wir brauchen kein neues Handy!"

Amy machte ihrer Wut richtig Luft, und Michael bemerkte irgendwann, dass ihr kleiner Sohn im Wohnzimmer stand. Er machte Amy ein Zeichen und hoffte, dass sie ihn vor dem Kleinen nicht weiter beschimpfen und niedermachen würde. Sie verstand sein Zeichen sehr wohl, reagierte aber anders als erwartet: „Ich *möchte*, dass Cole unbedingt mitbekommt, wie verantwortungslos du bist!", schrie sie und schimpfte weiter.

Michael ist eigentlich nicht der Typ, der Konflikte eskalieren lässt, aber das war zu viel für ihn. So etwas war vorher noch nie passiert. Cole stand einfach nur da – völlig perplex. Es war ganz offensichtlich, dass er die Situation nicht einordnen konnte und sich fragte, was eigentlich mit seinen Eltern los war.

Plötzlich wurde Amy bewusst, dass sie zu weit gegangen war, und sie floh ins Schlafzimmer. Michael rannte hinterher, nicht ohne Cole vorher die schroffe Anweisung zu geben: „Du rührst dich nicht vom Fleck." Er ließ seinem Ärger freien Lauf, zeigte mit dem Finger auf seine Frau und schrie: „Das ist alles nur *deine* Schuld!"

Das Problem hatte natürlich nicht das Geringste mit dem neuen Handy zu tun! Wie konnte man von ihm erwarten, dass er dafür verantwortlich sei, dass das Familienbudget reichte? Er war ja schließlich süchtig. Aber das kam ihm zu diesem Zeitpunkt nicht in den Sinn.

Amy war vor seiner Schimpfkanonade bis zur Wand zurückgewichen. Da standen sie nun – Amy mit dem Rücken zur Wand und Michael mit anklagend ausgestrecktem Zeigefinger. „Wie konntest du mich vor Cole nur so beschimpfen?"

„Zeig ja nicht mit dem Finger auf mich", fauchte Amy.

Das brachte für Michael das Fass zum Überlaufen. Er hob auch noch die andere Hand und zeigte nun mit beiden Zeigefingern auf Amy, immer abwechselnd, wie mit Revolvern. Und dabei fühlte er sich unglaublich cool.

Und Amy? Sie fing an zu *lachen*. Sie werden später noch erfahren, wie die beiden aufgehört haben mit den gegenseitigen Vorwürfen und stattdessen auf sich selbst schauten. Wie sie persönliche Verantwortung für ihr Handeln übernommen haben.

Ich möchte einmal behaupten: Den meisten Menschen geht es wie Amy und Michael. Sie befinden sich auf einem zerstörerischen Weg, wenn sich das auch vielleicht nicht in solchen Temperamentsausbrüchen zeigt. Wir tanzen den Beziehungskiller-Blues auf verschiedene Art und Weise. Wir wollen das eigentlich nicht, aber wir können nicht aufhören. Wir denken verzweifelt: *Wenn er doch nur … Wenn sie doch nur … Wenn meine Tochter doch nur … Wenn doch mein Nachbar nur …* Es ist immer derselbe Tanz, und die Schuld, wenn es nicht läuft, liegt natürlich immer beim anderen.

Wie können wir den Rhythmus in diesem Tanz der Angst durchbrechen? Wenn keiner der Beteiligten einen neuen Tanzschritt einführt, wird der Tanz immer so weitergehen. Und manche Menschen erleben das auch so.

Zum Tanzen braucht es immer zwei. Das ist auch beim Beziehungskiller-Blues nicht anders.

Aber es braucht nur einen, um ihn zu unterbrechen.

Ich nenne das die Kraft des Einzelnen. Und dieser neue Tanzschritt könnte Ihre Beziehungen revolutionieren.

Sie haben die Macht der Entscheidung

Täglich drückt irgendjemand unseren Angstknopf. Aber ob wir im Beziehungskiller-Blues stecken bleiben oder nicht, hängt davon ab, *wie wir* darauf *reagieren*. Und *wir* selbst, nicht die äußeren Umstände, kontrollieren die Gedanken, die diese Reaktion auslösen.

Unsere Gedanken sind die Basis für unsere Gefühle und Reaktionen. *Wir können entscheiden, wie wir reagieren, aber diese Entscheidung basiert auf unseren Gedanken.* Unser Handeln und unsere Emotionen, seien sie positiv oder negativ, beruhen auf dem, was wir denken. Das ist eine Tatsache, die mich immer wieder zum Staunen bringt.

Wir haben die Wahl, wie wir reagieren wollen, wenn jemand unseren Angstknopf drückt. Niemand kontrolliert unsere Gedanken, außer uns selbst. Niemand kontrolliert unsere Reaktionen, außer uns selbst.

Angenommen, Sie gehen durch die Straßen Ihres Wohnortes. Ein Mann, den Sie nie vorher gesehen haben, kommt auf Sie zu und fängt an, Sie wüst zu beschimpfen. Was tun Sie? Wahrscheinlich gar nichts. Sie gehen einfach weiter. Sie möchten keine Auseinandersetzung, und es interessiert Sie nicht die Bohne, was irgendein Verrückter auf offener Straße von sich gibt. Soll er doch weiterfaseln.

Beschimpft jedoch Ihre Frau, Ihr Freund oder ein Kollege Sie auf dieselbe Art, ist das etwas ganz anderes. Das rührt an Ihren Angstknopf. Sie reagieren in dieser Situation ganz anders. Warum? Die Beschimpfung allein ist nicht der Auslöser für Ihre Reaktion. Denn jetzt kommt die Angst ins Spiel: die Angst vor Ablehnung, vor Versagen oder vor dem Abbruch der Beziehung. Das war im ersten Fall anders. Dieses Beispiel zeigt ganz deutlich: Beim Beziehungskiller-Blues *kann* es nicht um Äußerlichkeiten gehen; es *muss* wohl darum gehen, was innerlich in uns abläuft. Es geht nicht bloß darum, dass wir einen Angstauslösemechanismus haben. Der Angstknopf ist ja in beiden Situationen vorhanden. Es geht vielmehr um unsere *Entscheidung*, was wir denken und wie wir reagieren, wenn dieser Knopf gedrückt wird.

Erkennen Sie, welche Macht Sie dadurch bekommen? Sie bestimmen, was Sie denken und wie Sie reagieren. Ob jemand unseren Angstknopf drückt, liegt nicht in unserer Macht. Aber was wir denken und wie wir reagieren, wenn er gedrückt wird, das können wir sehr wohl selbst entscheiden.

Was ist das eigentliche Problem?

Die meisten Paare kommen mit zwei sehr konkreten Listen zu unseren Beziehungsseminaren.

Die erste beschreibt die spezifischen Probleme, die sie als Paar haben (Finanzen, Erziehung, Sex etc.).

Auf der zweiten stehen all die Verhaltensweisen, die der andere „in den Griff bekommen" soll, nach dem Motto: „Wenn mein Mann/meine Frau sich nur ändern würde – dann wäre ich glücklich."

Und zu beiden Listen haben sie in der Regel sehr genaue Vorstellungen.

Wo liegt jetzt das eigentliche Problem? Ist es die erste Liste? Studien zeigen, dass die meisten Ehen an finanziellen Problemen zerbrechen. Ich sehe das anders. Finanzielle Probleme haben noch nie eine Ehe zum Scheitern gebracht. Sie bergen gewiss Zündstoff für heftige Diskussionen, aber sie *verursachen* keine Scheidung.

An dieser Stelle müssen wir uns noch einmal die Beziehungswahrheit ins Gedächtnis rufen: *Das augenscheinliche Problem ist selten das eigentliche Problem.* Das Problem ist nie die Liste mit den Punkten, die Schwierigkeiten bereiten. Diese Punkte sind lediglich so wie der Mann, der Sie auf offener Straße beschimpft. Sie können entscheiden, wie Sie darauf reagieren. Sie verfügen über die Macht des Einzelnen.

Ist das Problem dann das Verhalten des anderen (bzw. seine Einstellung oder ihre Persönlichkeit)? Wie oft hören wir Beschwerden wie diese: „Meine Frau ist immer auf Streit aus. Sie soll endlich aufhören, mich herumzukommandieren." „Mein Mann arbeitet immer so viel." Hier kommt eine andere Beziehungswahrheit ins Spiel: *Der andere ist immer nur Teil des Problems.* Was wirklich verändert werden muss, ist die *Reaktion* des Einzelnen auf die Punkte auf der Liste. In Beratungsgesprächen kommt an dieser Stelle meist eine Gegenfrage: „Also soll meine Frau nicht aufhören, mich herumzukommandieren?" Natürlich soll sie das. Aber ihr Mann wird sie *nicht dazu bringen können*, mit dem Kommandieren oder mit irgendetwas anderem aufzuhören, ohne sie seinerseits zu beschimpfen. Was er aber machen *kann* ist, in Situationen, in denen sein Angstknopf gedrückt wird, seine Gedanken und Reaktionen zu kontrollieren. Er *kann* sich entscheiden, die Macht des Einzelnen zu nutzen. Er *kann* persönliche Verantwortung übernehmen.

Die meisten Menschen sprechen ausführlich und sehr intensiv über das, was der andere macht bzw. nicht macht. Die gesamte Energie konzentriert sich darauf, sich zu beschweren oder detailliert zu beschreiben, wo und wie der andere uns wieder einmal verletzt hat. Solche Diskussionen bewirken nichts außer Frust, Wut und Enttäuschung. Und was noch schlimmer ist: Sie sorgen dafür, dass dem Beziehungskiller-Blues die Begleitmusik nicht ausgeht.

Es gibt einen besseren Weg. Einen *viel* besseren Weg. Sie werden sechs Schritte kennenlernen, mit denen Sie Ihre Emotionen und Reaktionen kontrollieren können.

1. Übernehmen Sie die Kontrolle über Ihre Gedanken, Gefühle und Verhaltensweisen

Immer, wenn wir uns nur auf das konzentrieren, was der andere tut, beschneiden wir damit unsere eigene Macht. Wir rauben uns selbst Kraft. Uns auf den anderen zu konzentrieren, bedeutet nämlich: Wir wollen Dinge kontrollieren, die gar nicht unserer Kontrolle unterliegen. Deswegen ist solch ein Verhalten absolut müßig und ineffektiv.

Viel besser ist es dagegen, wenn wir die Situation selbst beeinflussen können! Viel effektiver ist es doch, wenn wir das kontrollieren, was auch tatsächlich unserer Kontrolle unterliegt! Wenn wir statt des anderen uns selbst in den Blick nehmen, dann steigern wir damit sprunghaft unsere Chancen, das aktuelle Beziehungsproblem selbst aktiv zu beeinflussen.

Gehen wir noch einmal zurück zu dem Streit von Michael und Amy. Als Michaels Angstknopf gedrückt wurde, musste er sich entscheiden. Dass dieser Knopf gedrückt wurde, konnte er nicht mehr beeinflussen. Aber er konnte sehr wohl entscheiden, wie er in dieser Situation denken und reagieren würde. Er konnte Amys Handeln nicht kontrollieren. Sich selbst aber, seine Gedanken und sein Handeln konnte er sehr wohl kontrollieren. Anders ausgedrückt: Er konnte entscheiden, ob er für sein Handeln die persönliche Verantwortung übernehmen wollte oder nicht. Er hätte in dieser Situation von der unglaublichen Kraft des Einzelnen profitieren können. Stattdessen tat er das, was fast jeder in dieser Situation getan hätte. Er dachte: „Mal sehen, ob ich nicht Amy verändern kann."

Der Versuch, den anderen zu verändern, ist Energieverschwendung. Effektiver ist es, Verantwortung für sich selbst zu übernehmen.

Jeder steht vor dieser Entscheidung. Immer wieder. Und an ihr wird es sich letzten Endes festmachen, ob wir unsere Beziehungen als tief und erfüllend empfinden oder als labil und enttäuschend. Man kann es gar nicht oft genug betonen: Es ist entscheidend, dass jeder selbst die Verantwortung dafür übernimmt, wie er in Situationen denkt und reagiert, die an persönliche Ängste und Befürchtungen rühren.

Der Mensch ist so angelegt, dass er immer gerne dem anderen die Schuld in die Schuhe schiebt. Wir investieren viel Energie in den Versuch, das Verhalten des anderen uns gegenüber zu verändern. Auf verschiedenste Art und Weise versuchen wir, den anderen so zu manipulieren, dass er unseren Angstknopf in Ruhe lässt. Das führt aber in den meisten Fällen dazu, dass der andere wiederum seinen Angstknopf vor unserem Zugriff schützen will – der Beziehungskiller-Blues geht weiter und nimmt sogar noch an Tempo zu. Das Resultat ist bekannt: Wir sind verletzt, fühlen uns missbraucht, entfremdet und einsam – und wieder nimmt eine Beziehung eine Wendung zum Schlechteren.

Übernehmen wir hingegen Verantwortung für unser Denken und Handeln, dann weigern wir uns, das Handeln des anderen in den Mittelpunkt zu stellen. Und plötzlich münden Wunschvorstellungen davon, wie schön es doch sein könnte, wenn bloß der andere anders wäre, in den Gedanken: *Ich kann den anderen nicht verändern, aber ich kann anders auf ihn reagieren.*

Persönliche Verantwortung übernehmen heißt, das eigene Verhalten genau zu analysieren. Bei der nächsten Situation, in der unser Angstknopf ins Spiel kommt, können wir dann denken: „Normalerweise würde ich jetzt den Rückzug antreten, auch wenn ich weiß, dass das keine Lösung ist. Aber dieses Mal werde ich das nicht tun. Dieses Mal werde ich die Verantwortung für mein Handeln übernehmen, anstatt den anderen so zu manipulieren, dass er sich so verhält, wie ich es will."

Ich kann den anderen nicht verändern, aber ich kann anders auf ihn reagieren.

Das führt uns zu einem Gedanken, der schon öfter angeklungen ist: *Was wir denken, bestimmt unsere Gefühle und Reaktionen.*

Unsere Reaktionen zu kontrollieren bedeutet, unsere Gedanken zu kontrollieren. Nicht länger ist der andere schuld an dem, was ich fühle. Meine Gefühle, Gedanken und mein Handeln unterliegen ganz allein meiner eigenen Kontrolle. Diese erstaunliche Wahrheit hat mein Leben während der letzten Jahre erheblich verändert.

Das Buch *Habits of the Mind* von Archibald Hart hat mir eine neue Perspektive über die Macht der Gedanken verschafft. Hart schreibt: „Unser Körper ist der Diener des Verstandes und gehorcht damit seinen Anweisungen. Dabei spielt es keine Rolle, ob diese Anweisungen auf bewussten Entscheidungen oder auf Reflexen basieren. Krankheit, Gesundheit und Umstände wurzeln in Gedanken.“[1] Weiter sagt er, dass Gefühle nicht die *Ursache* unserer emotionalen Probleme sind, sondern die *Konsequenz*. Unsere Emotionen zeigen sehr genau, wie wir denken. Wir können sie nicht direkt kontrollieren, aber durch eine Veränderung unserer Gedanken können wir auch unsere Gefühle beeinflussen.[2] Wenn wir unser Denken verändern, werden die gewünschten Gefühle nicht lange auf sich warten lassen. Unsere Reaktionen, Gefühle und Einstellungen sind immer das Resultat unserer Gedanken.[3]

Was wir denken, entscheidet über unsere Gefühle und unsere Reaktionen.

Was bedeutet das nun für unsere Beziehungen? Wie können wir durch die Kontrolle unserer Gedanken auch unsere Reaktionen beeinflussen? Die Antwort ist bereits angeklungen: Wir müssen den Blick weglenken von dem anderen und ihn auf uns selbst richten. Vor der Kontrolle der Reaktionen steht die Kontrolle der Gedanken. Ist dieser Schritt geschafft, eröffnet sich uns eine ganz neue Freiheit.

2. Übernehmen Sie Verantwortung für Ihren Angstknopf

Einer Beziehung hilft es in keinster Weise, wenn wir immer nur auf das starren, was der andere eigentlich verändern müsste. Umgekehrt ist es dagegen äußerst hilfreich, sich mit dem eigenen Denken und den daraus resultierenden Reaktionen auseinanderzusetzen und die eigenen Ängste und Emotionen unter die Lupe zu nehmen. Es hilft enorm, wenn jeder seine eigenen Hausaufgaben macht.

Einer meiner Mitarbeiter erzählte von einer Meinungsverschiedenheit mit seiner Frau. „Klar kann ich doch in einer angespannten Situation überlegen: *Als ich so heftig wurde, woher kam das eigentlich?* Dann wird die Auseinandersetzung produktiv. Über die Reaktionen des anderen nachzudenken und zu sprechen, ist reine Zeitverschwendung. Aber was uns weiterhilft, ist der Versuch, die Gefühle des anderen zu verstehen und die eigenen Gefühle zur Sprache zu bringen. Genau an diesem Punkt beginnt die Lösung."

Immerhin ist es *mein* Angstknopf, der gedrückt wird, und nur *ich* bin verantwortlich für ihn. Wie oft erleben wir Menschen in einer Pseudo-Karate-Haltung – innerlich und äußerlich –, beherrscht von dem krampfhaften Versuch, andere davon abzuhalten, ihren Angstknopf anzurühren. Viel Energie wird in Versuche investiert, das Verhalten des anderen zu kontrollieren. Hände weg von meinem Angstknopf – das ist der alles beherrschende Gedanke.

Viel besser ist es aber, wenn wir uns selbst ehrlich eingestehen: „Moment mal! Das ist doch *mein* Angstknopf. Und ich muss ganz allein *herausfinden*, wo meine Reaktionen herkommen, wie ich sie kontrollieren kann und worum es eigentlich geht."

Die Verantwortung dafür, wie ich reagiere, wenn meine Grundangst angesprochen wird, liegt ganz allein bei mir.

Dabei spielt es keine Rolle, welcher Art unsere Angst ist und ob unser Angstknopf bereits auf leichte Berührung reagiert oder schon einen kräftigen Druck braucht, um überhaupt anzuspringen. Trotzdem gilt: Die Verantwortung dafür, wie ich reagiere, wenn meine Grundangst angesprochen wird, liegt ganz allein bei mir. Und nur ich habe die Kontrolle darüber.

Den meisten Menschen leuchtet es unmittelbar ein, dass wir die Kontrolle über unser Verhalten haben. Dagegen ist der Gedanke, dass wir nicht nur über unser Verhalten entscheiden, sondern auch über unsere Gedanken und Ideen, vielen Menschen zunächst fremd.

Wenn wir nicht die Fähigkeit hätten, bewusst auszuwählen, was wir denken, warum sollte Paulus dann die Empfehlung geben: „Orientiert euch an dem, was wahrhaftig, gut und gerecht, was redlich und liebenswert ist und einen guten Ruf hat."[4]? Wie hätte er sonst behaupten können: „Alles menschliche Denken nehmen wir gefangen und unterstellen es Christus, weil wir ihm gehorchen wollen."[5]?

Um es noch einmal ausdrücklich zu sagen: Wir sind dem Menschen, der unseren Angstknopf drückt, nicht hilflos ausgeliefert. Er oder sie darf nicht darüber bestimmen, wie wir reagieren. Und wir dürfen anderen nicht die Macht geben, darüber zu entscheiden, was wir denken oder tun. Wir müssen selbst die Kontrolle übernehmen.

Machen wir uns bewusst: Wir können die Macht des Einzelnen, die Macht der Verantwortung nutzen und uns damit in die Lage versetzen, selbst zu kontrollieren, und zwar die Bereiche, in denen uns Kontrolle möglich ist. So müssen wir nicht mehr versuchen, andere zu manipulieren, was sowieso nicht in unserer Macht liegt.

Manche Menschen bleiben auch als Erwachsene abhängig wie Kinder, ohne Grund bedürftig und ewig auf die Gunst anderer angewiesen, die bereit sind, sich um sie zu kümmern. Das muss nicht sein. Ob Sie nun 18 oder 80 sind – Sie können sich entscheiden, die Verantwortung für die eigene Person zu übernehmen. Jeder kann sich für die Macht des Einzelnen entscheiden.

Haben Sie schon jemals das Gefühl gehabt, der Verkehr auf den Straßen mache Sie verrückt? Das tut er gar nicht. Was Sie verrückt macht, ist Ihre Reaktion auf den Verkehr, für die Sie sich entschieden haben. Der Verkehr kontrolliert nicht Ihre Gefühle. Auch im Stau auf der Autobahn oder während der Hauptverkehrszeit haben Sie die Macht, persönliche Verantwortung für Ihre Reaktionen zu übernehmen. Sie können jederzeit die Macht des Einzelnen anzapfen.

Egal, wie empfindlich Ihr Angstknopf ist – die Macht des Einzelnen versetzt Sie in die Lage, den zerstörerischen Tanz der Angst zu durchbrechen. Das gilt nicht nur für so triviale Situationen wie einen Stau, sondern auch für die ganz großen Dinge im Leben – selbst für einen Seitensprung.

Ein Freund von mir hatte ein Ehepaar in der Beratung, das sich mit dem Thema Seitensprung auseinandersetzen musste. Der Mann hatte über das Internet eine andere Frau kennengelernt und sich auch mit ihr getroffen. Während der Beratung sprach er immer nur davon, wie die Affäre hätte vermieden werden können, wenn seine Frau sich mehr um seine Bedürfnisse gekümmert hätte. Er sagte: „Wenn du liebevoller gewesen wärst … Wenn du mich akzeptiert hättest … Wenn du meine sexuellen Bedürfnisse mehr erfüllt hättest …“ Er suchte die Schuld immer wieder bei seiner Frau und weigerte sich damit, persönliche Verantwortung für sein Handeln zu übernehmen.

Sein Verhalten war für die Beziehung nicht gerade hilfreich.

Die Frau machte es nicht viel anders. Sie gab ihrem Mann die Schuld an der Affäre und warf ihm vor, er sei nie für sie da gewesen und habe immer zu viel gearbeitet. Sie reihte Fehler an Fehler und gab nicht ein einziges Mal zu, dass sie ihn ebenfalls vernachlässigt hatte und auf seine Wünsche und Bedürfnisse nicht eingegangen war.

Auch das half der Beziehung nicht weiter.

Mein Freund erzählte: „Dieses Paar machte erst Fortschritte, als jeder begann, mit dem Finger auf sich selbst zu zeigen und zu fragen: ‚Was kann *ich* dazu tun, damit diese Ehe besser funktioniert?'"

Wollen Sie, dass Ihre Beziehungen gut oder besser funktionieren? Dann müssen Sie diesen neuen Tanzschritt lernen. Es bedarf einer „Machtergreifung". Wir müssen uns die Macht des Einzelnen aneignen, die Macht der persönlichen Verantwortung. Nur so können wir die wahre Freiheit erleben, die allen guten Beziehungen eigen ist.

3. Geben Sie anderen nicht die Macht, Ihre Gefühle zu kontrollieren

Solange wir zulassen, dass andere kontrollieren, was wir fühlen und was wir mit diesen Gefühlen machen, solange werden wir in unseren Beziehungen keine echte Freiheit erleben. Freiheit und Verantwortung sind zwei Seiten derselben Medaille. Das eine geht nicht ohne das andere.

Angenommen, Sie befinden sich in einem Machtkampf, in einem Konflikt, der Sie wirklich belastet. Welche Möglichkeiten haben Sie? Sie können machtlos bleiben und dem anderen erlauben, über Ihre Gefühle und Reaktionen zu entscheiden. Sie können toben und rasen, fordern und mobben in der Hoffnung, dass Sie Ihren Willen bekommen. Wahrscheinlich wird man dann aber mit Ihnen auf ähnliche Art und Weise umspringen. So ging es auch Michael und Amy bei ihrem Streit um das neue Handy. Das Resultat bei solch einem Verhalten ist offensichtlich: Wut, Frust und eine angeschlagene Beziehung.

Wir haben aber auch die Möglichkeit, uns für die Macht des Einzelnen zu entscheiden und persönliche Verantwortung zu übernehmen. Wir können daran denken, dass beim Tauziehen nur einer das Seil fallen lassen muss, um den (Macht-)Kampf zu beenden. Je eher eine Seite das Seil fallen lässt, desto eher ist das Spiel zu Ende.

Den meisten Menschen ist überhaupt nicht klar, dass sie sich dafür entschieden haben, den Beziehungskiller-Blues mitzutanzen. *Wieso sollte ich einen solchen Tanz tanzen wollen?,* würden Sie fragen. Aber es gilt immer noch die Beziehungswahrheit: *Keine Entscheidung ist auch eine Entscheidung.*

Also lautet die Frage: Warum lassen *Sie* nicht das Seil fallen? Warum beenden *Sie* nicht den Beziehungskiller-Blues? Warum übernehmen *Sie* nicht die Verantwortung für Ihr Verhalten? Warum machen *Sie* keinen Gebrauch von der Macht des Einzelnen?

Die meisten Menschen finden es ermutigend, wenn sie erkennen, dass sie die Macht haben, den Tanz jederzeit zu beenden – indem sie einfach entscheiden, nicht mehr mitzumachen. Sie *können* das Seil als Erster fallen lassen. Sie *können* persönliche Verantwortung für Ihre Reaktionen übernehmen. Sie *können* von der Macht des Einzelnen Gebrauch machen. Und diese Entscheidung wird unweigerlich die Macht brechen, die der Beziehungskiller-Blues ausübt.

4. Warten Sie nicht darauf, dass andere Sie glücklich machen

Dabei ist es mehr als hilfreich, wenn wir ein weitverbreitetes Missverständnis ausräumen. Viele Menschen glauben einem starken, aber dennoch irreführenden Mythos. Wir sind alle der Vorstellung aufgesessen, dass es in Beziehungen um gegenseitigen Ausgleich geht. Als gäbe es so etwas wie eine goldene „50:50-Regel“: Ich komme dir auf halbem Weg entgegen, und du kommst dafür mir auf halbem Weg entgegen.

Sie können** aus dem **Beziehungskiller-Blues aussteigen.

Haben Sie sich schon einmal bei einer der folgenden Aussagen ertappt?

- In einer glücklichen Ehe erfüllen die Partner sich gegenseitig alle Bedürfnisse.
- Die besten Beziehungen machen aus Menschen, die allein nur „halb“ sind, etwas Neues, Vollständiges, Ganzes.
- Wenn man einen „besten Freund“ sucht, hält man am besten nach jemandem Ausschau, der einen glücklich machen kann.

Kommen Ihnen diese Aussagen bekannt vor? Wahrscheinlich schon. Sie mögen weitverbreitet sein, trotzdem sind sie falsch. Ein Mythos. Eine Täuschung. Eine Lüge.

Wer sie glaubt, dem werden sie teuer zu stehen kommen.

Was wir so leicht „Bedürfnisse“ nennen, sind in Wahrheit eigentlich eher „Wünsche“. Wir wünschen uns, von anderen respektiert, bewundert oder gebraucht zu werden. Aber sind das echte Bedürfnisse? Niemand kann alle unsere Bedürfnisse stillen – Gott ausgenommen. Wenn wir uns dabei auf einen Partner verlassen, wird das zwangsläufig zu Problemen führen. Die Beziehung wird ungesund und von gegenseitigen Abhängigkeiten geprägt sein. Es ist *nicht* Aufgabe eines anderen Menschen, dafür zu sorgen, dass ich ein erfülltes Leben führe. Diese Aufgabe hat Gott jedem Einzelnen selbst zugewiesen – und jeder kann sie nur selbst lösen. Gott hat versprochen, alle unsere Bedürfnisse zu stillen. Wenn wir uns auf eine Zusammenarbeit mit ihm einlassen, wird er uns – nach seinem Willen – alles geben, was wir zum Leben brauchen.[6]

Die zweite Aussage stimmt ebenfalls nicht. Keine Ehe, keine Freundschaft, keine Beziehung macht aus einer Hälfte ein Ganzes. Wenn wir das denken, wird die Enttäuschung nicht lange auf sich warten lassen. Warum? Weil dahinter die Erwartung steht, dass der andere unsere persönlichen Defizite ausgleicht. Diese Haltung wird den Schmerz und die Enttäuschung über die eigenen Fehler und Schwächen unweigerlich verdoppeln. Der Grund dafür liegt auf der Hand: Aus zwei unglücklichen Menschen kann niemals ein glückliches Paar werden.

Die Wahrheit ist: Niemand kann uns glücklich „machen“. Kein Ehepartner. Kein Freund. Kein Chef, Nachbar oder Pastor. Abraham Lincoln sagte die weisen Worte: „Ich vermute, dass jeder so glücklich ist, wie er sich entschieden hat, sein zu wollen.“ Ich, ich ganz allein entscheide, wie ich auf das reagiere, was das Leben für mich bereithält. Und Sie in Ihren Umständen ebenso. Wir ganz allein entscheiden, was wir tun, wenn jemand unseren Angstknopf drückt. Die Aussage von Abraham Lincoln heißt praktisch nichts anderes als: „Nur durch die Macht des Einzelnen – durch Übernahme persönlicher Verantwortung für unser Handeln – werden wir das Geheimnis ergründen, das hinter starken Beziehungen steht." Ich habe diese Macht praktisch angewendet und dadurch mein Stressniveau auf ein für mich „historisches Tief" gesenkt. Sogar mein Blutdruck ist gesunken. Ich habe mich bewusst dafür entschieden, das Leben auf eine Art und Weise zu betrachten, die mich verändert hat. Und ich möchte diese Erfahrung mit Ihnen teilen, weil Sie auch wissen sollen und können: Ihre Gedanken und Reaktionen auf das Leben bestimmen, welchen Grad von Glück und Erfüllung Sie erleben werden.

Paulus schreibt in einem Abschnitt, in dem es um starke Beziehungen geht: „Soweit es irgend möglich ist und von euch abhängt, lebt mit allen Menschen in Frieden."[7] Paulus wusste, dass niemand einen anderen dazu bringen kann, sich friedlich zu verhalten. Aber wir können uns entscheiden, den Weg des Friedens so eben wie möglich zu machen. Auch wenn der andere kein Interesse am Frieden hat, können wir unsere Friedensbereitschaft signalisieren. Und das wird sich auf unseren inneren Frieden positiv auswirken, egal, ob das Angebot angenommen wird oder nicht.

Das ist nichts anderes als die Macht des Einzelnen. Und das ist eine befreiende Botschaft. Wenn unser gesamtes Wohlbefinden und unsere Freude davon abhängen, wie andere uns behandeln, dann stehen uns turbulente Zeiten bevor. Entscheiden wir uns aber, dass wir selbst bestimmen, wie wir auf unweigerlich auftretende Herausforderungen, Beleidigungen, Probleme und Konflikte reagieren wollen, dann eröffnet sich uns eine ganz neue Welt – eine Welt, die von Frieden geprägt ist.

Eine Welt übrigens, die nur denen offensteht, die wie Erwachsene denken und sich auch so verhalten.

5. Werden Sie Chef in Ihrem Leben

Wann sind Sie erwachsen geworden? Antworten Sie nicht zu schnell. Bei mir war es erst nach meinem vierzigsten Geburtstag so weit!

Das klingt merkwürdig, ist aber ganz einfach zu verstehen. Erwachsen ist jemand, der in der Lage ist, für sich selbst die volle Verantwortung zu übernehmen – und der diese Verantwortung auch annimmt. Wenn diese beiden Punkte nicht erfüllt sind, ist man den Kinderschuhen noch nicht entwachsen.

Menschen, die die Verantwortung für sich selbst übernehmen, sind wirklich erwachsen. Als mir irgendwann klar wurde, dass meine Gedanken und Reaktionen ganz allein mir gehören, wurde ich erwachsen. Ein Kind ist abhängig von anderen und macht sie verantwortlich für Gefühle oder Erfolg bzw. Misserfolg. Ein Erwachsener ist jemand, der nicht länger Kind ist.

Das heißt: Er übernimmt persönliche Verantwortung. Das wiederum heißt: Er akzeptiert, dass er erwachsen ist. Wenn wir uns weigern, persönliche Verantwortung zu übernehmen – wenn wir also die Macht des Einzelnen ablehnen –, weigern wir uns letzten Endes, erwachsen zu werden.

So ging es mir, bis ich vierzig wurde. Bis dahin hatte ich von meinen Vorgesetzten und meinen Gemeinden erwartet, dass sie sich um mich kümmern. Geschah das nicht auf die Art, wie ich es wollte, beschwerte ich mich bei meiner Frau darüber, dass man so unsensibel mit mir umging. In vielen Bereichen war ich von anderen abhängig, bis ich persönlich die Verantwortung für mein Leben übernahm. Erst da wurde ich erwachsen. Das geschah nicht über Nacht, sondern war ein langwieriger Prozess. Und in den letzten beiden Jahren bin ich dabei besser vorangekommen als in den fünfzehn Jahren zuvor.

Können Sie das nachvollziehen? Sich die Macht des Einzelnen zunutze zu machen heißt, das Erwachsensein zu akzeptieren und sich erwachsen zu verhalten.

Deswegen noch einmal die Frage: Wann sind *Sie* erwachsen geworden? Wann haben *Sie* angefangen, selbst die Verantwortung für Ihr Leben zu übernehmen? Ab wann haben *Sie* die Macht des Einzelnen genutzt? Wenn

Sie immer noch erwarten, dass andere Sie glücklich machen, dann sind Sie den Kinderschuhen noch nicht entwachsen. Egal, wie alt Sie wirklich sind.

Jetzt kommt die gute Nachricht: Es ist nie zu spät, den Mantel der persönlichen Verantwortung anzuziehen und damit erwachsen zu werden. Natürlich können wir auch unser Leben lang als Erwachsene verkleidete Kinder bleiben. Aber warum sollten wir das tun?

Wann sind Sie erwachsen geworden? Wann haben Sie angefangen, selbst die Verantwortung für Ihr Leben zu übernehmen?

Wer sich entscheidet, die Kindheit hinter sich zu lassen, auf den wartet eine große Belohnung. Die folgenden Entscheidungen können Ihre Gefühle beeinflussen – negativ oder positiv. Sie können helfen, das Stressniveau herabzusetzen und mehr Friede und Freude zu erleben.

1. Erwarten Sie nicht länger, dass Menschen, Orte oder Dinge Ihnen bleibendes Glück und Erfüllung bringen. Nur Gott kann Leben, Freude und Frieden bringen. Er gibt das Gute gern allen, die ihn darum bitten. Wenn Sie das praktisch umsetzen, wird Stress aus Ihrem Leben fast völlig verschwinden. Es ist einfach kindisch zu denken, dass irgendetwas auf dieser Erde Erfüllung bringen könnte oder bleibendes Glück. Gott ist die Quelle des Lebens; Menschen und Dinge sind lediglich Zugaben.

Stress ist der Abstand zwischen dem, was wir erwarten, und dem, was dann tatsächlich passiert. Dabei orientiert sich das Stressniveau an der Höhe unserer Erwartungen. Wir entscheiden, wie wichtig uns die Erwartungen sind, und damit entscheiden wir auch, wie viel Stress wir erleben, falls sie nicht erfüllt werden. Zumindest nicht so, wie wir gehofft hatten. Geben wir diese Erwartungen auf, wird das unmittelbare Auswirkungen auf unser Stressniveau haben.

Erst vor ein paar Stunden konnte ich diese Einsicht selbst praktisch umsetzen. Ich hatte dieses Kapitel zu Ende geschrieben und wollte es an meinen Verleger schicken. Dafür wollte ich die Datei in meinem Computer verschieben. Es öffnete sich ein kleines Fenster. Ich machte mir nicht die Mühe, es genau durchzulesen, sondern klickte gleich auf „ja“. (Sie wissen wahrscheinlich, was jetzt kommt. Das ist Ihnen bestimmt auch schon passiert.) Mein Kapitel war weg. Alle Arbeit umsonst! Ein eilig herbeigerufener Computerexperte sagte nach einigen erfolglosen Versuchen, die Datei wiederherzustellen: „Tja, die ist wohl weg.“

Ich musste mich entscheiden: Sollte ich mich aufregen, oder sollte ich meine Erwartung aufgeben und einfach weitermachen? Ich entschied mich für die zweite Möglichkeit und schrieb das Kapitel noch einmal neu. Meine Frau und ich wollten an diesem Abend eigentlich ausgehen. Aber sie schlug vor, dass ich zu Hause blieb, und rief stattdessen eine Freundin an. Kurz vor Mitternacht war das Kapitel fertig. Anfangs fühlte ich mich ziemlich gestresst, aber jetzt war ich wieder ganz ruhig. Letzten Endes war ich sogar froh über die doppelte Arbeit, denn ich hatte im ersten Entwurf einige wichtige Punkte und Gedanken vergessen.

2. Machen Sie sich klar, dass jedes negative Erlebnis in etwas Positives umgemünzt werden kann. Ich nenne diesen Schritt die „Schatzsuche“. Damit erscheinen Schwierigkeiten in einem ganz anderen Licht. Ich habe im Lauf der Zeit gelernt, dass alles, was mir passiert, zur Freude werden kann. Damit befinde ich mich auf „biblischem Boden“, denn im Neuen Testament steht: „Nehmt es als Grund zur Freude, wenn ihr auf vielerlei Weise auf die Probe gestellt werdet.“[8] Ich habe festgestellt, dass das stimmt. Heute *denke* ich positiv über Schwierigkeiten und Bewährungsproben.

- Ich war ein schlechter Schüler und hatte Mühe, einen vernünftigen Schulabschluss hinzukriegen. Ich konnte nicht besonders gut lesen und schreiben, das Studium war eine einzige Qual für mich. Aber diese negativen Erfahrungen sind meine größte Stärke und Freude geworden. Weil ich in diesen Bereichen Schwierigkeiten habe, sind meine Bücher einfach, praktisch und leicht zu lesen. Ich hasse langweilige Bücher. Die Menschen mögen es, wenn ich über eigene Fehler schreibe und einfache Schritte zur Problemlösung aufzeige. Und einfach müssen sie sein, sonst könnte ich sie selbst gar nicht umsetzen.
- In den letzten Jahren habe ich viele gesundheitliche Probleme gehabt: einen Herzinfarkt, eine Nierentransplantation und als Folge davon Diabetes. Dadurch kann ich kranke Menschen besser verstehen. Ich bringe jetzt mehr Mitgefühl und Verständnis für sie auf. Ganz allge-

mein habe ich mehr Mitgefühl für Menschen, die innerlich oder äußerlich verletzt sind. Meine Liebe zu Gott ist tiefer, weil ich abhängiger bin von ihm. Alle Bewährungsproben des Lebens lassen die Liebe zu Gott und zu Menschen wachsen, wenn wir sie nicht als Gegner, sondern als Verbündete sehen, die uns weiterbringen wollen und können.

Diese Liste ist bei Weitem nicht vollständig. Der Schlüssel zu Freude und Frieden liegt in der Entscheidung, Schwierigkeiten als etwas Gutes zu betrachten und zu wissen: Wenn der Tiefpunkt überwunden ist, werden wir daran wachsen.

6. Suchen Sie sich Unterstützung

Wenn ich immer wieder darauf bestehe, dass wir persönliche Verantwortung dafür übernehmen müssen, wie wir auf die Herausforderungen des Lebens reagieren, dann will ich damit eines nicht sagen: dass Sie in diesem Kampf allein dastehen. Denn es ist oft ein Kampf. Aber er verläuft nicht nach dem Motto: Ich gegen den Rest der Welt. Was ich meine, ist: Sie müssen selbst entscheiden, wie Sie auf Leute reagieren wollen, die Ihren Angstknopf drücken. Was ich meine, ist: Sie sind der Chef in Ihrem eigenen Leben.

Aber jeder Firmenchef hat auch Assistenten an seiner Seite! Das sollte bei uns nicht anders sein.

Was heißt das konkret? Es heißt, dass wir uns Menschen suchen, die uns in unserem Bemühen unterstützen, gut für uns selbst zu sorgen, verantwortlich zu sein und es auch zu bleiben. Gezielt unterstützen kann man aber nur, wenn man genau weiß, was der oder die andere braucht.

Der Entschluss, die Verantwortung für sich selbst zu übernehmen, heißt nicht, dass Sie von nun an alles allein tun müssen. Sie werden nicht vorankommen, wenn Sie weiterhin versuchen, andere so zu manipulieren, dass sie genau das tun, was Sie wollen. Aber Sie können Beziehungen deutlich verbessern, indem Sie sich Helfer suchen, die sich freiwillig und gerne bereit erklären, Ihnen in Ihrem Bemühen um bessere Beziehungen zur Seite zu stehen.

Anders ausgedrückt: Solange wir unserem Partner oder Freund nicht erklären, wo unser Angstknopf sitzt, solange wird er uns auch nicht helfen können, weil wichtige Informationen fehlen. Weiß zum Beispiel meine Frau, dass meine Grundangst die Angst vor Ablehnung oder vor Kontrolle durch andere ist, dann kann sie sich entschließen, mich zu unterstützen und eigene Verhaltensmuster zu ändern, die an diesen Angstknopf rühren. Aber das kann nur eine Hilfe sein. Ich muss mich schon selbst intensiv bemühen, so zu reagieren, dass es unserer Beziehung langfristig guttut und wir auf unserem Weg Fortschritte machen.

Natürlich würden wir alle unsere Beziehungen als erfüllter erleben, wenn die anderen nicht ständig ihre Finger an unserem Angstknopf hätten. Natürlich würden wir uns besser fühlen ohne die ständigen Erniedrigungen, Vorwürfe und Anschuldigungen.

Aber immer gilt: In meinem Leben bin ich der Chef. Und Sie in Ihrem. Es ist klug, anderen ganz offen den „Job“ als Assistent oder Helfer anzubieten. Die sind natürlich ebenfalls Chef ihres eigenen Lebens und bieten uns vielleicht im Gegenzug ihrerseits den Posten des Helfers an. Ist das Manipulation? Keine Spur! Das ist Kooperation, und zwischen diesen beiden Begriffen liegt ein himmelweiter Unterschied.

Für mich hat es sich gelohnt, mir über folgende Fragen klar zu werden:

- Wofür bin ich allein verantwortlich?
- In welchen Bereichen teile ich die Verantwortung?
- Für welche Bereiche bin ich nicht verantwortlich?
- Wie kann ich lernen, in jeder Situation die angemessene Verantwortung zu übernehmen?

Dabei ging mir Folgendes auf:

- Ich bin allein verantwortlich für meine Gedanken, Überzeugungen, Gefühle und mein Verhalten.
- Ich bin nicht verantwortlich für die Gedanken, Überzeugungen, Gefühle oder das Verhalten anderer.
- In einer Beziehung kann ich die Gedanken, Überzeugungen, Gefühle oder das Verhalten des anderen beeinflussen – aber nicht kontrollieren.

Bin ich in der Rolle des Helfers, darf ich Menschen helfen, die mir wichtig sind, entweder weil sie mich darum bitten oder weil ich eine Gelegenheit dazu sehe. Aber immer bleiben die anderen Chef ihres Lebens. Für ihr Handeln oder ihre Reaktionen bin ich nicht verantwortlich, das liegt ganz allein bei ihnen. Aber natürlich kann ich alles mir Mögliche tun, um das Umfeld zu verbessern! Vor Kurzem war meine Frau krank und bat mich, den Arzt anzurufen und ihr bestimmte Informationen zu beschaffen. Ich habe diesen Wunsch gern erfüllt und habe alles an sie weitergegeben, was ich in Erfahrung bringen konnte. Aber wenn sie diese Informationen nun nicht nutzt? Das liegt dann nicht mehr in meiner Verantwortung. Es steht mir auch nicht zu, böse auf sie zu sein, sollte mein Bemühen wirklich umsonst gewesen sein. Sie kann mit der Information machen, was sie will, in ihrem eigenen Tempo und zu ihren eigenen Bedingungen. Sie ist der Chef – ich bin lediglich der Assistent.

Als Helfer habe ich die Möglichkeit, das Umfeld – positiv oder negativ – zu beeinflussen, in dem meine Beziehungen sich entwickeln. Und mein Assistent hat dieselbe Möglichkeit. Aber deshalb wird er nicht Chef in meinem Leben – und ich nicht in seinem.

Aber ein kompetenter Assistent kann schon einen entscheidenden Unterschied machen!

Vergebung – eine bewusste Entscheidung mit Folgen

Die Macht des Einzelnen zu nutzen berührt immer auch den Bereich der Vergebung: den Entschluss, zu vergeben oder Vergebung anzunehmen. Das ist nicht einfach, aber Erwachsene, die in erfüllten Beziehungen leben wollen, müssen in dieser Kunst richtig gut sein.

Meine Schwiegertochter Amy leitet in ihrer Gemeinde eine Gruppe von Mädchen im Teeniealter. Einmal beschwerten sich die Mädchen darüber, dass der Pastor, Ted, sich in seinen Predigten nie an die jungen Leute wandte. Das war in diesem Fall besonders ärgerlich, denn sonntags hat die Gemeinde kein Extraprogramm für diese Altersgruppe. „Wir sind der Gemeinde überhaupt nicht wichtig", sagten sie. „Wenn der Pastor seine Predigt schreibt, spielen wir dabei gar keine Rolle."

Amy gab ihnen recht und hat damit natürlich das Feuer noch geschürt – unabsichtlich. Die Mädels brachten das Thema natürlich auch zu Hause zur Sprache, was die Eltern auf den Plan rief. Als Folge bekam der Pastor einige ärgerliche E-Mails und Anrufe. Die Sache zog Kreise, und irgendwann erfuhr Ted von der Rolle, die Amy dabei gespielt hatte. Das führte zu einem ernsthaften Konflikt zwischen den beiden, die sonst eigentlich gut befreundet sind.

Schließlich rief Ted meinen Sohn Michael an und sagte: „Ich weiß nicht, wie ich mich Amy gegenüber in dieser Situation verhalten soll."

„Das weiß ich auch nicht", antwortete Michael, „aber vielleicht solltest du sie einfach mal anrufen."

Ted erwiderte: „Wenn sie einfach anrufen und sich entschuldigen würde, dann wäre die Sache erledigt." Sie unterhielten sich noch eine Weile über das Thema, dann legten sie auf.

Keine zehn Minuten später rief Amy bei Michael an: „Ich weiß nicht, wie ich mich Ted gegenüber in dieser Situation verhalten soll", erklärte sie.

„Das weiß ich auch nicht", antwortete Michael, „aber vielleicht solltest du ihn einfach mal anrufen."

Darauf Amy: „Wenn er einfach anrufen und sich entschuldigen würde, dann wäre die ganze Sache erledigt."

Michael fing an zu lachen. „Du wirst es kaum glauben", sagte er, „aber Ted hat vor nicht einmal zehn Minuten ganz genau dasselbe über dich gesagt."

Das Problem wurde erst gelöst, als Amy und Ted sich entschlossen, Verantwortung zu übernehmen, sich zu entschuldigen und sich gegenseitig um Vergebung zu bitten. Sie suchten nicht länger die Schuld bei dem anderen, sondern gaben zu, verletzt zu sein, übernahmen Verantwortung für ihre jeweilige Reaktion und gestanden dem anderen ein, einen Fehler gemacht zu haben. Damit folgten sie einer göttlichen Anweisung, die bereits vor zwei Jahrtausenden gegeben worden war.

„Tut es deinem Bruder leid, dann vergib ihm", sagte Jesus zu den Jüngern. „Und wenn er dir siebenmal am Tag Unrecht tut und dich immer wieder um Vergebung bittet: Vergib ihm!"[9]

Den Jüngern wird es damals nicht viel anders gegangen sein als uns heute. Sie haben sicherlich gedacht: *Wer kann so ein schwieriges Gebot schon erfüllen?* Also baten sie Jesus: „Hilf uns, dass unser Glaube größer wird!" Worauf Jesus erwiderte: „Selbst wenn euer Glaube so winzig wäre wie ein Senfkorn, könntet ihr diesem Maulbeerbaum befehlen: ‚Reiß dich aus der Erde und verpflanze dich ins Meer!' – es würde sofort geschehen!"[10] Anders ausgedrückt: „Ihr Lieben, ich weiß genau, dass ihr ohne Gottes Hilfe nicht dem vergeben könnt, der euch verletzt hat. Aber um das zu schaffen, braucht ihr nicht mehr Glauben. Benutzt einfach den Glauben, den ihr schon habt. Im Himmel gibt es eine Schatzkammer für Vergebung. Und daraus hat Gott euch bereits mit allem ausgestattet, was ihr braucht. Der Schlüssel für diesen Schatz liegt in eurer Hand. Benutzt ihn. Übernehmt Verantwortung und trefft die schwierige Entscheidung, anderen zu vergeben."

Auch zwischen besten Freunden werden Verletzungen nicht ausbleiben. Auch in der glücklichsten Ehe werden irgendwann bittere Tränen vergossen. Wir leben in einer gefallenen Welt, in der wir uns gegenseitig verletzen – manchmal unbeabsichtigt, manchmal ganz bewusst. Und deswegen sollte Vergebung ganz oben auf unserer Prioritätenliste stehen. Wir können uns entschließen, die Macht des Einzelnen einzusetzen und alles in unserer Macht Stehende tun, um eine gestörte Beziehung wieder in Ordnung zu bringen. Wir müssen nicht darauf warten, dass der andere den ersten Schritt tut. Erwachsen zu sein heißt, sich auch wie ein Erwachsener zu benehmen, also die Regie zu übernehmen über unsere aufgewühlten Gefühle und die schwierige Entscheidung zu treffen, Menschen, denen wir Unrecht getan haben, um Vergebung zu bitten. Oder selbst zu vergeben, wenn uns Unrecht geschehen ist.

Vergebung umfasst zwei Schritte. Zunächst einmal das Verzeihen. Das, was der andere mir angetan hat, wird ausgelöscht, wie die Botschaft, die jemand in den Sand am Meer geschrieben hat und die von der nächsten Welle weggewischt wird. Zur Vergebung gehört aber auch, dass ich mich um den kümmere, der mich verletzt hat, denn meistens hat auch er einen wunden Punkt, der der Heilung bedarf. Anderen vergeben heißt, sie freizugeben. Sie werden heil. Und dasselbe gilt dann auch für mich. Eine der

Bitten im Vaterunser lautet: „Vergib uns unsere Schuld, wie wir denen vergeben, die uns Unrecht getan haben."[11] Das bedeutet doch: Wenn wir anderen vergeben (ihnen verzeihen und sie freigeben), dann wird der Vater im Himmel mir auch vergeben (mir verzeihen und mich freigeben).[12] Vergebung hilft dem, der verletzt wurde, genauso wie dem, der verletzt hat. Verantwortung zu übernehmen bedeutet, dass wir unseren Anteil an der Verletzung akzeptieren und dort Vergebung erbitten, wo wir falschliegen. Hier schließt sich der Kreis in dieser Bitte des Vaterunsers.

Belastete Beziehungen heilen durch Vergebung.

Aber nicht immer sind ja wir diejenigen, die nur verletzt werden. Auch wir werden in unseren Beziehungen zum Verletzer werden. Das bedeutet, dass wir es uns zur Gewohnheit machen sollten, Vergebung auch von anderen zu erbitten.

Vor einigen Jahren hatte ich ein Erlebnis, das mir heute noch peinlich ist. Unser Kühlschrank war kaputt, und ein bestimmtes Teil musste repariert werden. Ich baute es aus und brachte es in ein Elektrogeschäft. Natürlich war es wichtig, dass der Kühlschrank schnell wieder funktionierte, und deswegen war ich ärgerlich, als ich mehrere Tage nichts von dem Geschäft hörte. Ich rief mehrmals an, um mich zu erkundigen, ob die Reparatur erledigt war. Irgendwann reichte es mir. Ich rief wieder an und beschimpfte den Angestellten: „Jetzt habe ich aber genug. Das ist nicht gerade das, was ich unter gutem Service verstehe, wenn ich mehrere Tage auf eine Reparatur warten muss. Machen Sie das eigentlich immer so, dass Sie Ihre Kunden anlügen? Ich komme sofort vorbei und hole das Teil wieder ab, egal ob es repariert ist oder nicht." Nach einigen weiteren ziemlich unfreundlichen Worten legte ich erbost auf.

Mein Sohn Greg hatte das Gespräch mit angehört. Er sagte erstaunt: „Na, dem armen Kerl hast du es aber gegeben!"

Wir machten uns also auf den Weg zum Elektrogeschäft, und dort erwarteten mich peinliche Neuigkeiten. Die Reparatur war nicht nur ausgeführt, man hatte auch schon tagelang darauf gewartet, dass ich das Teil abhole.

Mein Verhalten am Telefon war mir ohnehin schon peinlich, aber jetzt war ich völlig verwirrt. Schon bald wurde klar, wo mein Fehler lag. Ich hatte im Telefonbuch die falsche Nummer nachgeschlagen. Der arme Kerl, den ich gerade so heftig beschimpft hatte, *hatte* unser fehlerhaftes Kühlschrankteil überhaupt nicht. Kein Wunder, dass er überhaupt nicht gewusst hatte, wovon ich sprach.

Mir war klar: Diese Situation musste ich klären, da führte kein Weg drum herum.

Zu Hause angekommen rief ich wieder in dem Geschäft an (Greg hörte zu), bei dem ich mich so bitter über den schlechten Service beschwert hatte. Schon als ich meinen Namen nannte, fing der Angestellte am anderen Ende an, sich zu entschuldigen: „Es tut mir furchtbar leid, Herr Smalley, aber wir haben Ihr Teil anscheinend verloren."

Für den Bruchteil einer Sekunde war ich versucht, die ganze Sache doch nicht aufzuklären. Das hier klang um einiges besser als das, was ich zu sagen hatte. Aber dieser Versuchung gab ich nicht nach.

„Apropos verloren", sagte ich in dem Versuch, komisch zu sein, „ich glaube, ich hatte den Verstand verloren." Greg fing an zu lachen, während bei dem Angestellten die Verwirrung noch stieg.

Ich fuhr munter fort: „Ich wollte Ihnen nur sagen, dass es mir leidtut, Sie bei meinem Anruf vorhin so beschimpft zu haben. Es war eine Verwechslung. Ihre Firma hatte mein Kühlschrankteil gar nicht. Es ist längst repariert, aber irgendwie habe ich aus Versehen die falsche Telefonnummer herausgesucht. Es tut mir leid, dass ich so unhöflich war. Ich möchte mich gerne entschuldigen. Können Sie mir verzeihen?"

Ich war mir fast sicher, dass der Mitarbeiter am anderen Ende mir eigentlich nicht verzeihen wollte. Trotzdem akzeptierte er meine Entschuldigung und legte auf.

Ist es einfach, jemanden um Vergebung zu bitten? Nein. Nie. Noch nicht einmal per Telefon und gegenüber einem völlig Unbekannten. Trotzdem ist es absolut notwendig, wenn wir den Weg frei machen wollen für gute Beziehungen. Jeder muss lernen, die Macht des Einzelnen anzuzapfen, und dazu gehört eben auch, dass wir anderen vergeben und andere um Vergebung bitten.

„Seid … freundlich und barmherzig, und vergebt einander, so wie Gott euch durch Jesus Christus vergeben hat."[13] Das sagt die Bibel zu diesem Thema. Das Wissen, dass Gott uns vergibt, ist gleichzeitig Verpflichtung, die Macht des Einzelnen zu nutzen und den ersten Schritt zu tun – hin zur Versöhnung.

Vielleicht denken Sie: „Dazu reicht mein Glaube nicht." Darf ich das infrage stellen? Als Christen haben wir bereits alles Nötige an der Hand, um uns dieser Herausforderung zu stellen. Dafür hat Gott gesorgt. Unsere Aufgabe ist lediglich, uns nach dem ersten neuen Tanzschritt zu bewegen, der Macht des Einzelnen. Gott kümmert sich um den Rest.

Lachen ist nicht immer die beste Medizin

Erinnern Sie sich noch an den heftigen Streit von Michael und Amy, den ich am Anfang dieses Kapitels beschrieben habe? Alles fing damit an, dass Michael – wieder einmal – ein neues Handy gekauft hatte. Ein Vulkanausbruch erschien harmlos gegen diesen Konflikt. Die Geschichte endete damit, dass Amy in Gelächter ausbrach. Gehen wir noch einmal dorthin zurück!

Nachdem Amy sich beruhigt hatte, übernahm sie wieder die Kontrolle über ihre Reaktionen: „Wir müssen das hier lösen, Michael. Das ist außer Kontrolle geraten. Es tut mir leid, dass ich dich so angeschrien habe."

Sie verließ das Schlafzimmer und ging direkt zu ihrem kleinen Sohn, der immer noch verwirrt im Wohnzimmer stand. Sie entschuldigte sich bei ihm und versicherte, dass sie nie wieder so über seinen Vater sprechen würde.

„Schatz, das war wirklich verkehrt", sagte sie und strich ihm über das Haar. „Ich hätte das nie sagen dürfen."

Einige Stunden später nutzte auch Michael die Macht des Einzelnen. Er entschuldigte sich für den unüberlegten Kauf und für den Bruch der Vereinbarung, solche Ausgaben vorher abzusprechen.

Er sagte: „Ich konnte nicht länger nur auf Amys Verhalten starren. Ich musste meine Gefühle und mein Verhalten in den Mittelpunkt stellen. Als ich das tat, löste sich das Chaos auf. Ich entschuldigte mich für das

‚Handy-Fiasko' und bat um Vergebung für meine unkontrollierte Reaktion. Das hat die Wogen geglättet, und wir konnten normal weitermachen."

Dann hat er das Handy zurückgebracht, denn ihm war klar, dass das der letzte Schritt war, um die Sache vollständig aus der Welt zu schaffen.

Erfüllende und befriedigende Beziehungen kann man nur in einer Umgebung erleben, die Sicherheit bietet. Darum wird es im nächsten Kapitel gehen.

***Das Leben dreht sich um Beziehungen;
alles andere sind Nebensächlichkeiten.***

3-Minuten-Check: Die Macht des Einzelnen

1. **Übernehmen Sie die Kontrolle über Ihre Gedanken, Gefühle und Ihr Handeln.** An jeder Beziehung, an jedem Beziehungskiller-Blues sind Sie genauso beteiligt wie der andere. Sie können Reaktionen und Handeln selbst bestimmen. Ihre Gedanken bestimmen Ihre Gefühle und Ihr Verhalten.

2. **Übernehmen Sie die Verantwortung für Ihren Angstknopf.** Sie haben durchaus die Wahl, wie Sie reagieren wollen, wenn andere Ihren Angstknopf drücken. Niemand kontrolliert Ihre Reaktionen – nur Sie selbst. Ihr Angstknopf liegt in Ihrem „Zuständigkeitsbereich".

3. **Überlassen Sie anderen nicht die Macht, Ihre Gefühle zu kontrollieren.** Persönliche Verantwortung übernehmen heißt: Ich weigere mich, mich nur auf den anderen zu konzentrieren. Der einzige Mensch, den ich verändern kann, bin ich selbst. Ich kann den Beziehungskiller-Blues unterbrechen. Ich allein bestimme, ob er weitergeht. Für einen Streit braucht es immer zwei. Aber es reicht einer, um den zerstörerischen Tanz zu beenden.

4. **Erwarten Sie nicht von anderen, Sie glücklich zu machen.** Der Glaube an die goldene „50:50-Regel" ist ein Irrglaube. Werden Sie realistisch in Ihren Erwartungen an Beziehungen.

5. **Werden Sie Chef in Ihrem eigenen Leben.** Sie können andere nicht dazu zwingen, Ihre Bedürfnisse zu erfüllen. Aber wenn Sie berechtigte Wünsche und Bedürfnisse äußern, kann der andere entscheiden, ob er vielleicht Ihr Assistent oder Helfer werden möchte.

6. **Vergebung heilt Beziehungen.** Persönliche Verantwortung übernehmen heißt, Fehler eingestehen und um Vergebung bitten. Auf beiden Seiten.

Kapitel 5

Beziehung braucht Sicherheit: Schaffen Sie ein geschütztes Umfeld

Wie viele Beziehungen haben Sie, in denen Sie sich so sicher fühlen, dass Sie sich ganz öffnen und sich so zeigen, wie Sie wirklich sind? Mit wie vielen Menschen teilen Sie Ihre tiefsten Gedanken und Träume? Haben Sie in Beziehungen zu anderen meistens das Gefühl, dass Sie dem anderen nah sind, oder empfinden Sie eher eine gewisse Distanz? Spüren Sie eine tiefe Verbindung, oder folgen Sie doch an irgendeinem Punkt der Musik des Tanzes der Angst?

Ich muss leider sagen, dass meine Frau sich bei mir nicht immer sicher und geborgen gefühlt hat. Manche Menschen nennen mich einen Beziehungsexperten, aber früher beschränkte sich mein Expertentum nur auf mich selbst. Am Anfang unserer Ehe versuchte ich, meine Frau Norma so zu verändern, dass sie wurde wie ich. Ich war blind für die Dinge, die eine gute Beziehung ausmachen. Das führte zu diesem Gefühl der Unsicherheit. Von diesen Jahren sagt sie heute: „Du warst von Anfang an mir gegenüber eher kritisch eingestellt. Die Maßstäbe, die du angelegt hast, waren für mich einfach zu hoch. Ich fühlte mich unglaublich kontrolliert. Ich habe an dich geglaubt, also habe ich zugelassen, dass du mich überforderst. Eine Weile hat das funktioniert, aber irgendwann wurde es mir zu viel. Und langfristig hat es eigentlich für uns beide eher nicht funktioniert. Immer standen deine Arbeit und andere Menschen an erster Stelle. Ich fühlte mich minderwertig gegenüber deinen Mitarbeitern und hatte immer das Gefühl, dass deine Träume, und nicht ich, an erster Stelle stehen. Ich liebte deine Träume, aber am Anfang haben sie mich fast erstickt."

Seit mehr als vierzig Jahren bin ich jetzt mit dieser wunderbaren Frau verheiratet. Es tut mir unendlich leid, dass ich eine Umgebung geschaffen habe, in der sie zu ersticken glaubte, die ihr nicht das Gefühl vermittelt hat, wertvoll und geachtet zu sein. Inzwischen habe ich selbst viel von dem gelernt und dann auch praktiziert, worum es in diesem Kapitel gehen wird. Meine Frau fühlt sich viel sicherer, zu 95 Prozent, wie sie selbst sagt. Ich bete und arbeite dafür, dass wir auch noch die 100 Prozent schaffen.

Wenn Sie so beschaffen sind wie ich, dann sehnen auch Sie sich nach Beziehungen, in denen Sie sich absolut sicher fühlen. Wir möchten uns öffnen können und uns so geben, wie wir wirklich sind, ohne gleichzeitig fürchten zu müssen, dass das negative Auswirkungen auf die Liebe, Akzeptanz und Wertschätzung des anderen haben wird. Oft sind wir aber gerade hier sehr zurückhaltend, weil wir uns nicht ganz sicher sind, was die anderen sagen werden. Oder was sie mit den Dingen anfangen werden, die sie über uns erfahren haben. Oder wir stecken fest im Beziehungskiller-Blues, sind gehemmt durch unsere Ängste und Reaktionen, fühlen uns ausgelaugt und erschöpft.

Warum sind wir erschöpft? Weil wir viel Energie investieren, um uns zu verstecken. Wir versuchen, auf eine imaginäre Leinwand ein Bild zu projizieren, von dem wir denken, dass es dem entspricht, was die Leute sehen wollen, wenn sie uns durch das Kameraobjektiv betrachten. Wir möchten unbedingt, dass sie dieses Bild mögen. Das ist natürlich problematisch, denn es kann uns niemand nahekommen, wenn wir ständig eine Maske aufhaben oder uns hinter selbst errichteten Mauern verstecken.

Aber es gibt eine gute Nachricht. Wir können eine offene Atmosphäre schaffen, in der wir ganz wir selbst sein können. Wir können uns entschließen, die Macht des Einzelnen zu nutzen und persönliche Verantwortung zu übernehmen. Und wir können uns entschließen, den Beziehungskiller-Blues mit einem weiteren neuen Tanzschritt zu unterbrechen: Sicherheit.

Durch diesen zweiten neuen Schritt können wir ein Klima der Sicherheit schaffen, in dem offene, sich vertiefende und blühende Beziehungen möglich sind.

Das klingt wie das Paradies – und das liegt wohl daran, dass der Garten Eden für Adam und Eva ein sehr sicherer Ort war. Sie hatten keine Angst. Vor dem Sündenfall war die Beziehung zu Gott, zu sich selbst und zueinander erstaunlich eng. Sie fühlten sich einander so nahe, dass Gott sie beschrieb als „eins mit Leib und Seele".[1] Es gab nichts, was zwischen ihnen stand – keine Unsicherheit, keine scharfen Meinungsverschiedenheiten, nicht einmal störende Kleidung! Es herrschte völlige Offenheit – keine Mauern, keine Masken, keine Angst. Ihre Beziehung wuchs und gedieh.

Diese Offenheit in unseren Beziehungen können wir auch erfahren, indem wir lernen, Schritte in Richtung Sicherheit zu gehen. Wir können einen ganz neuen Tanz lernen.

Schritte zur Sicherheit in Beziehungen

1. Respektiere die Mauer
2. Achte andere
3. (Ver)urteile nicht vorschnell
4. Schätze die Unterschiedlichkeit
5. Sei vertrauenswürdig

1. Respektieren Sie die Mauer

Niemand von uns erlebt gern Mauern in Beziehungen. Sie verhindern die Nähe, die wir uns eigentlich wünschen. Wir möchten sie am liebsten niederreißen und aus der Welt schaffen.

Vor dem Griff zum Vorschlaghammer sollten wir jedoch überlegen, warum die Mauer überhaupt errichtet wurde. Mauern werden *immer* von Menschen errichtet, die sich bedroht fühlen. Hinter der Mauer finden wir jemanden, der sich nicht sicher fühlt. Er oder sie möchte sich eigentlich nicht so abschotten, aber weil die Umwelt unsicher und bedrohlich zu sein scheint, dient die Mauer dem reinen Selbstschutz.

Wahrscheinlich kennt jeder von uns Menschen hinter solchen Mauern. Vielleicht sind sie irgendwann missbraucht worden und haben daraufhin ein allgemeines Misstrauen gegen Menschen entwickelt. Wenn die Person, an die Sie jetzt denken, Ihr Ehepartner, ein Freund, eine Freundin, ein Ihnen irgendwie nahestehender Mensch ist, dann ist es wichtig, den Grund für diesen Mauerbau zu kennen und zu verstehen. Er oder sie wird anfangen, Ihnen zu vertrauen, wenn Sie es schaffen, ein sicheres Umfeld zu schaffen.

Greg und Erin haben in ihrer Ehe schon früh Bekanntschaft mit solchen Schutzmauern gemacht. In den ersten Jahren zweigte Greg Geld vom gemeinsamen Konto ab. Damit kaufte er sich zum Beispiel Antiquitäten oder erfüllte sich andere Wünsche. Eines Tages rief ein Antiquitätenhändler an, der sich auf Sportartikel spezialisiert hat, und sagte nichtsahnend zu Erin: „Ich habe etwas Nettes für Greg."

Sie war sowieso gerade auf der Suche nach einem Geschenk für ihren Mann und fragte interessiert nach Einzelheiten. Der Händler beschrieb ihr einen Basketball aus echtem Leder, und Erin sagte begeistert zu.

Am nächsten Tag rief der Händler wieder an, hatte diesmal aber Greg am Apparat. Erin hatte dem Händler nichts davon erzählt, dass sie Greg mit dem Basketball überraschen wollte. Er schwärmte also Greg von dem Ball vor und erwähnte sein Gespräch mit Erin vom Vortag mit keinem Wort. Greg sprang umgehend ins Auto und kaufte den Ball mit Geld aus seinem geheimen Fundus.

Einen Tag darauf wollte Erin den Ball kaufen, erfuhr dann aber, dass Greg bereits da gewesen war.

Erin war nicht nur enttäuscht, weil sie Greg nun nicht mehr überraschen konnte, sie fragte sich auch, woher er wohl das Geld für diesen Kauf genommen hatte. Vom Konto war nichts abgehoben worden, das prüfte sie nach. Erin wurde misstrauisch. Sie sprach Greg darauf an, und er gab zu, einen geheimen Geldvorrat zu haben.

Erin war tief verletzt über diese Täuschung. Fortan war es schwer für sie, ihrem Mann in finanziellen Angelegenheiten zu vertrauen. Sie errichtete eine dicke Mauer, um sich vor einer möglichen weiteren Täuschung zu schützen.

Das frustrierte wiederum Greg. „Eigentlich läuft alles gut, aber immer wieder kommt Erin mit irgendwelchen Quittungen an und will genau wissen, was mit dem Geld geschehen ist. Ich habe immer wieder versucht, die Mauer einzureißen. Ich habe sie immer wieder angefahren und bedrängt, dass sie die Sache endlich ruhen lassen und mir vertrauen soll." Aber je mehr Greg Erin unter Druck setzte, desto größer wurde ihr Misstrauen. Der Beziehungskiller-Blues war in vollem Gange.

So ging das eine Weile, bis die beiden zu einem Eheberater gingen. Er sagte: „Greg, du musst verstehen, dass Erin momentan diese Mauer braucht. Deine Täuschung hat sie bedroht. Sie fühlt sich nicht mehr sicher. Das musst du verstehen, und du musst auch ihre Bedenken ernst nehmen."

Wer eine Mauer aufbaut, fühlt sich bedroht und will sich schützen.

Das half. Greg respektierte Erins Mauer, ihren Wunsch nach Selbstschutz. Anstatt darauf zu bestehen, dass sie ihm vertraut, versuchte er stattdessen, ein sicheres Umfeld zu schaffen. Er war dabei sehr hartnäckig und bewirkte, dass Erin sich eines Tages sicher genug fühlte, die Mauer von sich aus einzureißen und ihrem Mann neu zu vertrauen.

Wenn wir merken, dass zwischen uns und einem Menschen, den wir lieben, eine Mauer existiert, ist unser natürlicher Impuls: *Ich muss unbedingt diese Mauer einreißen.* Aber sobald wir schweres Gerät auffahren, bestätigen wir nur den Eindruck, den der andere sowieso schon von uns hat: Dieser Mensch ist eine Bedrohung für mich. Denn der Grund für die Mauer ist ja, dass der andere den Eindruck hat, er könne sich in dieser Beziehung nicht sicher fühlen.

Ist die Mauer also eine Hilfe für die Gestaltung der Beziehung? Nicht wirklich. Irgendwann kommt der Punkt, an dem sie fallen muss, wenn diese Beziehung weiterwachsen soll. Die Frage lautet also: Was kann ich tun, damit der andere die Mauer immer weniger braucht und sie Stück für Stück wieder abträgt?

Erstens: Der andere muss wissen, dass ich den Grund für den Mauerbau kenne und verstehe. Er muss spüren, dass mir sein Wohlergehen sehr am Herzen liegt; und daraus folgt: Die Mauer kann so lange bleiben, wie sie gebraucht wird.

Zweitens: Der andere muss wissen, dass ich keine Offenheit oder einen

Abriss der Mauer fordern werde, solange er oder sie sich nicht wirklich sicher fühlt. Meine Aufgabe ist es, dafür zu sorgen, dass sich dieses Gefühl der Sicherheit wieder einstellt, während ich gleichzeitig das Recht des anderen respektiere, sich so zu verhalten, wie es ihr oder ihm momentan richtig erscheint.

Die entscheidende Frage: Was kann ich tun, damit der andere die Mauer immer weniger braucht?

Vielleicht können wir uns sogar als Wachtposten zur Verfügung stellen, indem wir vermitteln: „Ich verstehe, dass die Mauer da ist, weil du dich nicht sicher fühlst. Du sollst wissen, dass ich auf der anderen Seite stehen und an mir arbeiten werde, damit sich das ändert. Ich werde dich nicht mehr bedrängen und stattdessen versuchen herauszufinden, was ich getan habe, dass du so fühlst. Ich werde versuchen, das zu ändern, bis du bereit bist, dich mir wieder zu öffnen, um aus freien Stücken wieder mit mir zusammen zu sein. Ich will dich auch gegenüber anderen in Schutz nehmen, die in dir ein Gefühl von Bedrohtsein auslösen."

Während der ersten dreizehn Ehejahre meines Kollegen Bob Paul und seiner Frau Jenni war Bob ein echter Bulldozer. Was er wollte, das forderte er ein. Wollte Jenni etwas anderes, bedrängte er sie. Ihr „Nein" nahm er nicht ernst. Er fand immer Wege, es zu umgehen oder Jenni dazu zu bewegen, ihre Meinung zu ändern. Allerdings fühlte er sich dabei wie jemand, der ständig gegen eine Mauer rennt.

Irgendwann kam der Tag, an dem ihm klar wurde, dass Jenni diese Mauer aus reinem Selbstschutz errichtet hatte. Sie fühlte sich von seiner energischen Art bedroht. Er merkte auch, dass ein Rammbock kein angemessenes Werkzeug war, um diese Mauer einzureißen. Er musste ein sicheres Umfeld schaffen, sodass Jenni die Mauer selbst abtragen konnte, wenn sie dazu bereit war.

Die ersten Risse in der Mauer bemerkte Bob an einem Wochenende, als er seine Frau bat, ihn zu einem Seminar zu begleiten. Sie lehnte ab. Er war enttäuscht, wollte ihr aber unbedingt vermitteln, dass er sie nicht bedrängen oder unter Druck setzen würde. Also sagte er: „Gut, ich respektiere deine Entscheidung."

Eine halbe Stunde später kam Jenni zu ihm und sagte: „Ich hab's mir anders überlegt. Ich habe gemerkt, dass du es ernst gemeint hast, als du sagtest, du würdest meine Entscheidung respektieren. Mehr brauchte ich nicht. Ich würde gerne mit dir zu diesem Seminar gehen."

Respektieren Sie die Mauer. Sie wurde nicht ohne Grund gebaut. Wenn Sie in Ihrer Beziehung ein sicheres Umfeld schaffen, wenn der andere nicht länger das Gefühl hat, sich vor Ihnen schützen zu müssen, dann wird die Mauer irgendwann auch wieder verschwunden sein.

2. Achten Sie andere

Ein zweiter Schritt zur Sicherheit besteht darin, den anderen als wertvoll zu betrachten, d. h. anzuerkennen, dass auch er nach Gottes Bild gemacht ist und daher Anerkennung, Hochachtung und Wertschätzung verdient. Gott hat jeden von uns einzigartig gemacht, hat jeden mit besonderen Gaben und einer ganz eigenen Persönlichkeit ausgestattet. Für ihn sind wir wertvoll und kostbar. Wenn wir andere so sehen, wie Gott sie sieht, wenn wir ihren Wert anerkennen und bestätigen, schaffen wir damit ein sicheres Umfeld, das unsere Beziehung zum Wachsen und Gedeihen anregt.

Sehen Sie in jedem Menschen ein Unikat des Schöpfers.

Ein Wert kann natürlich nur anerkannt und bestätigt werden, wenn klar ist, dass er besteht. Greg lernte das an einem ziemlich stressigen Tag.

An diesem Morgen schien alles schiefzugehen. Die ganze Familie war in Aufruhr, denn sie wollten nach Disney World. Alle waren spät dran. Angesichts der vielen Taschen und Koffer im Flur war Greg klar, dass sie am Flughafen sicherlich Übergepäck würden bezahlen müssen. Endlich war alles im Auto verstaut, auch die Familie – so dachte Greg. Aber seine Tochter Maddy fehlte.

Sie war noch im Haus und suchte fieberhaft nach Gracie, ihrem Lieblings-Kuscheltier. Das kleine gelbe Kaninchen war ihr größter Schatz. Ohne Gracie tat Maddy keinen Schritt. Leider verlor sie Gracie ständig, was jedes Mal zu einer Krise größeren Ausmaßes führte. Endlich hatte Maddy ihren Liebling gefunden und kam schwitzend und keuchend zum

Auto gerannt. Greg wusste, es würde nicht lange dauern, bis Gracie wieder verschwunden war, und das wollte er sich im Urlaub einfach nicht antun. Also sagte er: „Maddy, du kannst Gracie nicht mitnehmen. Irgendjemand muss doch auf unser Haus aufpassen. Leg sie doch wieder in dein Bett, dann kann sie diesen Job übernehmen."

Maddy war völlig perplex. Sie starrte ihren Vater an, als wollte sie sagen: „Bist du verrückt? Gracie kann nicht hierbleiben. Wovon sprichst du überhaupt?"

Greg brachte alle möglichen logischen Argumente, warum der gelbe Hase unmöglich mitkonnte. Maddy rührte sich nicht vom Fleck. Schließlich wurde Greg energisch und sagte: „Du gehst jetzt sofort ins Haus und legst Gracie auf dein Bett!"

Maddy fing an zu weinen, drehte sich um und ging langsam auf die Haustür zu. Mehrere Minuten blieb sie verschwunden, bis Greg sie zur Eile antrieb. Maddy kam zurück – Gracie immer noch im Arm.

An diesem Punkt hatte Greg das Gefühl, dass seine Autorität infrage gestellt wurde und er diesen Machtkampf unbedingt gewinnen musste. Also fing er an, Maddy einen Vortrag über Ungehorsam und seine Folgen zu halten.

Nach einer Weile unterbrach Maddy ihn und fragte: „Papa, wie ist Disney World? Ist es toll dort?"

„Maddy, Disney World wird das Schönste sein, was wir jemals erlebt haben. Aber wir müssen jetzt wirklich los!"

Maddy brach wieder in Tränen aus, drückte ihrem Vater Gracie in die Hand und sagte: „Wenn es dort so toll ist, dann soll Gracie hinfahren. Ich bleibe zu Hause und passe auf." Es war ihr wirklich ernst.

Diese Worte brachten Greg zur Besinnung. Er erkannte, welchen Wert der kleine gelbe Hase in Maddies Leben hatte. Sie handelte konsequent nach dem, was sie glaubte. Greg wurde klar, dass auch bei ihm Handeln und Glaube übereinstimmen mussten – der Glaube nämlich, dass seine kleine Tochter für ihn unendlich wertvoll war und dass sie verdient hatte, geachtet und wertgeschätzt zu werden. Also „verstaute" er Maddy samt Gracie in dem sowieso schon überfüllten Auto, und die Familie machte sich auf den Weg zum Flughafen.

Wenn wir ein sicheres Umfeld schaffen wollen, in dem sich Beziehungen gesund entwickeln können, dann ist dies ein guter Startpunkt: Gewöhnen wir uns an, anderen mit Achtung und Wertschätzung zu begegnen. Betrachten wir alle, die zu diesem Umfeld gehören, als Menschen, die Gottes einzigartigen Fingerabdruck tragen. Werden wir kreativ, und entdecken wir Wege, wie sich Wertschätzung ausdrücken lässt.

Wenn andere uns mit derselben Einstellung begegnen würden, würde uns das doch auch begeistern, oder? Jeder Mensch liebt das Gefühl, etwas ganz Besonderes zu sein, geachtet und geschätzt zu werden. Wir sollten Mittel und Wege finden, den Menschen Achtung und Wertschätzung entgegenzubringen – und ganz besonders denen, die wir lieben.

Eine gute Hilfe dabei ist es, sich eine Liste mit all den guten Eigenschaften und Qualitäten des anderen anzulegen. Ich habe mehrere davon in einem speziellen Ordner, den ich meine „Positivliste" nenne. Auf mehreren Seiten habe ich Dinge aufgeschrieben, die ich an meiner Frau, meinen Kindern und meinen Enkeln richtig gut finde. Wenn mich jemand geärgert hat oder ich auf jemanden von ihnen sauer bin, greife ich schon mal dazu und lese mir die entsprechende Liste durch. Das ist auf jeden Fall die bessere Alternative zu einem Streit oder einer Schimpftirade. Wenn ich die Listen durchgehe, sehe ich meine Lieben ein wenig eher so, wie Gott sie sieht. Das verändert meine Perspektive.

Manchmal spielen wir ein Spiel, bei dem diese Informationen verstärkt zum Einsatz kommen. Jeder Mitspieler hat sechzig Sekunden Zeit, um dem „Star des Abends" Dinge zu sagen, die er an ihm oder ihr schätzt oder mag. Gelegenheiten dafür gibt es viele: ein gemeinsames Essen, eine Verabredung, während einer langen Autofahrt etc.

Ich liebe die Geschichte von Armon, einem sechsjährigen türkischen Jungen, der nach einem Erdbeben in der Türkei mit seiner Schulklasse verschüttet wurde. Sein Vater wusste, wo die Klasse sich zum Zeitpunkt der Katastrophe befunden hatte, und er begann, an dieser Stelle zu graben und den Schutt beiseitezuschaffen. Freunde und Rettungskräfte versuchten immer wieder, ihn zum Aufgeben zu überreden. Alle bekamen dieselbe Antwort: „Helft mir, oder lasst mich in Ruhe." Nach über vierzig Stunden hörte der Vater eine schwache Stimme. Es war Armon. „Papa, bist du das?“ Dann rief Armon den anderen Kindern zu: „Seht ihr, ich hab doch gesagt, dass mein Papa uns finden würde!“ Wäre es nicht wunderbar, Menschen wie Armons Vater in unserem Umfeld zu haben, die jeden Tag nach dem Ausschau halten, was uns wertvoll macht, und die erst aufgeben, wenn sie auch das letzte bisschen entdeckt haben? Jeder, der versucht, sie zum Aufgeben zu überreden, bekäme dieselbe Antwort: „Hilf mir – oder lass mich in Ruhe.“

Natürlich schaffen wir das nicht immer. Jeder sagt oder tut Dinge, die den anderen verletzen und durch die die Hochachtung auf der Strecke bleibt. Wenn mir das passiert, versuche ich Folgendes: Ich sage mir und dann auch dem anderen: „Du bist einfach zu wertvoll, als dass ich dich so behandeln sollte.“ Manchmal bin ich vor meinen Kindern in die Hocke gegangen, habe ihnen in die Augen geschaut und gesagt: „Ich liebe dich, und du bist wirklich wertvoll für mich. Es tut mir leid, dass ich das gesagt, dass ich das getan habe. Kannst du mir verzeihen?“ Ihre Vergebung war mir wichtig, weil ich wusste, dass sie für Gott unendlich kostbar sind. Was ich gesagt oder getan hatte, hatte ihnen sozusagen einen Teil ihres Wertes entzogen. Ich hatte ihre Würde missachtet. Das offen anzusprechen war für mich zugleich eine Motivation, sie liebevoller zu behandeln. Und es hat dazu beigetragen, in unserer Familie ein sicheres Umfeld zu schaffen.

Dem anderen mit Achtung zu begegnen, ist für jede Art von Beziehung wichtig. Marks Chef, Leon, ist ein Pedant und Perfektionist, was zwischen den beiden häufig zu Konflikten führt. Mark ist Leon gegenüber ablehnend und ungeduldig, weiß aber nicht, wie er das ändern kann. Bei den Kollegen beschwert er sich über Leon und redet schlecht über ihn. „Ihr glaubt ja nicht, was er heute Morgen wieder gemacht hat. Der Typ ist ein totaler Kontrollfreak. Ich wette, er schaut sogar seinen Kindern beim Zähneputzen zu, nur um sicherzugehen, dass sie es auch richtig machen. Nur gut, dass ich nicht zu seiner Familie gehöre.“

Erinnern Sie sich an Kapitel 2? Beziehungen haben immer auch mit Entscheidungen zu tun. Was wäre, wenn Mark sich entschließen würde, Leon mit Achtung zu begegnen, anstatt sich weiterhin auf diesen zerstörerischen Tanz einzulassen? Was wäre, wenn er sich jede Gelegenheit notieren würde, bei der Leon etwas gut gemacht hat, und wenn er sich diese Liste ab und zu anschauen würde? „Leon ist unheimlich zuverlässig. Einmal gesetzte Termine hält er immer ein." Oder: „Leon hat einen echten Blick für Details." Oder: „Leon hat mich davon abgehalten, einen Fehler zu machen, der uns viel Geld gekostet hätte."

Mark könnte dann anfangen, Leon etwas Anerkennendes zu sagen, auch wenn es ihm schwerfällt. „Leon, ich wollte dir nur mal sagen, dass ich deine Gründlichkeit wirklich schätze." „Danke für deine klaren Vorstellungen über dieses Projekt." „Ich weiß, dass du an vielen Fronten kämpfst, aber du machst das richtig gut."

Was wäre, wenn Mark auch vor den Kollegen positiv über Leon spricht? „Bei dem letzten Projekt hat Leon wirklich viel bewegt." „Leon ist toll auf diesen Vorschlag eingegangen."

Wenn Mark glaubt, dass Leon wie er selbst nach dem Bild Gottes geschaffen ist, wird er sich bemühen, ihn nicht schlechtzumachen oder zu verleumden. Wenn er seinem Chef mit Respekt und Achtung begegnet, wird ihm vielleicht irgendwann auffallen, dass Leon nicht mehr so schwierig ist und auf Marks berechtigte Bedenken eingeht. Aber selbst wenn sich die Situation nicht bessert, kann Mark trotzdem sicher sein, dass er das Richtige tut.[2] Ich habe diese Strategie tatsächlich einmal mit meinem Vorgesetzten ausprobiert, und nach einem Jahr sagte er zu mir: „Du bist mir näher als mein eigener Sohn." In seinem Blick konnte ich echte Zuneigung und Wertschätzung erkennen. Niemals hätte ich mir vorgestellt, dass unsere Beziehung einmal diese Richtung nehmen würde.

Wir achten andere, wenn wir sie als das sehen und behandeln, was sie sind: unglaubliche Geschenke Gottes. Jeder hat einen unschätzbaren Wert als einzigartiges Kunstwerk des Schöpfers.

3. (Ver)urteilen Sie nicht vorschnell

Wenn Johanna und ihre ältere Schwester Patricia aufeinanderstoßen, fliegen die Fetzen. Normalerweise dauert es keine zehn Minuten, bis Patricia Johanna mit Fragen über ihr aktuelles Liebesleben piesackt.

„Ist Richard nicht nur die abgehalfterte Version von Johannes?“

„Bloß gut, dass Mama das nicht mehr erlebt.“

„Findest du es klug, Michael bei dir übernachten zu lassen?“

Johanna springt jedes Mal auf die hinter den Fragen nur schlecht verborgene Verurteilung an, und so gibt es fast immer heftigen Streit zwischen den beiden. Und hinterher fühlen sich beide angegriffen, verletzt und allein. Ironischerweise sind sich beide Schwestern eigentlich sehr verbunden, denn sonst würde es Johanna nicht kümmern, was Patricia sagt, und Patricia wäre es egal, wie Johanna lebt.

Wie kann hier ein geschütztes, sicheres Umfeld geschaffen werden, in dem sich niemand mehr angegriffen fühlt und in dem beide Liebe und Zuwendung erleben? Patricia und Johanna sollten lernen, ihr Urteil zurückzustellen, und stattdessen mit der nötigen Neugier – und Faszination – herausfinden, wie die andere „tickt“.

Jedes Urteil führt dazu, dass Menschen einfach „dichtmachen“. Wer sich verurteilt fühlt – so wie Johanna durch Patricias Fragen nach ihren Beziehungen –, möchte sich nur noch verteidigen oder seinerseits einen Angriff starten. Warum? Weil er sich unsicher fühlt.

Es läuft viel besser, wenn wir unser Urteil (über uns und andere) etwas zurückstellen und dafür echtes Interesse entwickeln.

Normalerweise steckt hinter jedem Verhalten und jedem Gefühl ein guter Grund. Vielleicht sucht sich Johanna tatsächlich immer die falschen Freunde aus, fällt immer auf „Verlierer“ herein – aber vielleicht empfindet sie sich selbst auch als Verliererin. Vielleicht ist ihre Sicht von sich selbst verzerrt. Vielleicht sagt sie sich: *„Ich habe ja nichts Besseres verdient.“*

Was würde wohl passieren, wenn Patricia, statt zu verurteilen, Interesse an Johannas Leben zeigt? Angenommen, die beiden gehen Kaffee trinken, und dabei erwähnt Johanna, dass die letzte Begegnung mit Michael schwierig und enttäuschend war.

Anstatt ihr nun gleich wieder – verbal oder nonverbal-Vorwürfe zu machen, dass sie diese Beziehung überhaupt noch weiterführt, sagt Patricia: „Was ihr beide richtig gern zusammen macht, ist Wandern, oder? Was magst du denn sonst noch an ihm?“ Vielleicht ist Michael kunstinteressiert. Echtes Interesse an ihrer Schwester zeigt Patricia dann durch die

Bemerkung: „Du hast doch auf dem College gemalt. Du bist ziemlich kreativ. Hast du noch die Ölfarben von damals?“

Johanna ist von diesem Interesse überrascht. Sie erzählt, dass sie das Malen aufgegeben hat. Und schließlich spricht sie – weil sie sich bei ihrer Schwester sicher fühlt – über ihre Angst vor Versagen.

Was ist passiert? Patricia hat ihr Urteil zurückgestellt und ist ihrer Schwester mit echtem Interesse begegnet. Dadurch schafft sie ein sicheres Umfeld. Sie erfährt, wie Johanna sich selbst sieht, und kann nun auch verstehen, warum sie sich immer die falschen Männer aussucht. Durch diese Entdeckung wird sie wahrscheinlich eher Mitgefühl für ihre Schwester entwickeln, statt sie weiterhin zu verurteilen. Und was passiert, wenn Menschen spüren, dass jemand mit ihnen fühlt? Sie öffnen sich.

Mitgefühl und Verständnis schaffen Sicherheit in einem hohen Maß. Wenn der andere sich nicht darauf einlässt, meine Motive gleich zu verurteilen, und stattdessen versucht zu verstehen, warum ich mich falsch und verletzend verhalte, ermutigt mich dieses Mitgefühl dazu, mich zu öffnen – die Beziehung wächst. Die Mauer bekommt Risse, der Konflikt ebbt ab.

Verurteilung, oder auch schon eine Beurteilung, provoziert dagegen eine Verteidigungshaltung. Der andere „macht dicht“, die Beziehung kann nicht wachsen. Neugier wiederum führt zu mehr Offenheit und Sicherheit, die Beziehung bekommt einen Schub nach vorn. Echtes Interesse lässt niemanden kalt.

Haben Sie schon einmal jemanden getroffen, der ein wirklich guter Zuhörer ist? Alles, was Sie sagen, scheint ihn zu faszinieren, er hängt praktisch an Ihren Lippen. Er stellt die richtigen Fragen und zeigt ganz deutlich Interesse daran, Sie näher kennenzulernen. Nach solch einem Gespräch denken Sie unwillkürlich: „Das war aber wirklich ein netter Mensch. Ich habe das Gefühl, dass ich ganz wichtig war. Er war so interessiert.“ Sie kennen die Person vielleicht noch nicht einmal mit Namen, aber Sie haben sich schon entschlossen, sie gut zu finden. Warum? Weil Ihnen eine gesunde Neugier und Interesse entgegengebracht wurden.

Ein Urteil schreibt Menschen ab; der Hammer fällt und jemand ist zu fünfzig Jahren Zwangsarbeit verurteilt. Ein solches Urteil macht es unmöglich, Neues zu entdecken. Wir sind der Meinung, wir hätten alles gehört, was nötig ist, um zu einem Urteil zu kommen: „Das war's. Mit dir bin ich fertig."

Die Neugier hingegen sagt etwas ganz anderes. „Ich kenne dich nicht gut genug, um mir ein Urteil erlauben zu können. Also vergesse ich zunächst einmal, dass ich überhaupt zu einem Urteil kommen will. Mir gefällt nicht, was passiert ist. Aber ich möchte die Tür offen lassen für neue Entdeckungen." Ein Leben reicht nicht aus, um die wahre Schönheit eines anderen ganz zu ergründen. Schon innerhalb eines Jahres kann sich ein Mensch so verändern, dass man nie jede Facette und jedes Detail wird kennen können. Bleiben Sie neugierig.

Dieser Prozess immer neuen Entdeckens hält eine Beziehung lebendig. Wenn unser Ehepartner uns auch weiter fasziniert, wenn wir interessiert bleiben an Freunden, Kindern, Kollegen und Nachbarn, dann werden sich immer wieder Gelegenheiten ergeben, den anderen – und auch uns selbst – noch besser kennenzulernen. Wenn wir uns entschließen, unser Urteil hinauszuschieben, und eine Haltung der Neugier und des Interesses fördern, werden Beziehungen Sicherheit bieten und lebendig bleiben. Denn sie erhalten den Raum und die Ermutigung, die sie brauchen, um sich zu vertiefen und zu wachsen.

4. Schätzen Sie die Unterschiedlichkeit

Der vierte Schritt zu einem geschützten Beziehungsumfeld heißt: lernen, mit Unterschiedlichkeiten umzugehen. Wenn zwei Menschen einen Konflikt haben, wird die Ursache des Problems oft in der Unterschiedlichkeit der beiden Partner gesehen. Aber das ist falsch. Unterschiede können ein Segen sein, *wenn* man weiß, wie man mit ihnen umgehen und aus ihnen sogar Kapital schlagen kann.

Unterschiede können ein Segen sein, wenn man weiß, wie man aus ihnen Kapital schlagen kann.

Jahrelang haben sich Martin und seine Frau darüber gestritten, wie der Urlaub verbracht werden soll. Sie wollte in diese Zeit so viel wie nur irgend möglich hineinstopfen. Jedes Gebäude wurde angeschaut, jede touristische Aktivität mitgemacht. Der Urlaub war für sie nur dann „erfolgreich", wenn sie alles gesehen hatte, was es zu sehen gab.

Martins Vorstellung von dem idealen Urlaub war – Ruhe. Er wollte einen Ausgleich zu seinem sehr hektischen und stressigen Alltag. Eine Woche allein an einem einsamen Strand ohne Termine und Verpflichtungen, das war für ihn echter Urlaub.

Irgendwann sagte Martin zu seiner Frau, dass er ihre Art von Urlaub einfach nicht mehr mitmachen würde. Ihm war aber auch klar, dass sie seine Art genauso wenig aushalten konnte. Also entschieden sie sich für einen gesunden Wechsel. Ein Tag Sightseeing und Aktivität, am nächsten Tag Entspannung am Pool. Ein Tag emsig wie die Ameisen, am nächsten Tag gemächliches Strandleben.

Der erste Urlaub nach diesem neuen Schema wurde der beste, den sie je erlebt hatten. Martin erzählte: „Wir haben *mit* unseren Unterschieden gearbeitet und hatten dabei beide das Gefühl, davon zu profitieren. Außerdem wurde uns klar, dass dieser Ausgleich viel gesünder für uns war. Wir konnten unseren Urlaub mehr genießen als jemals zuvor."

Martin akzeptierte, dass seine Frau andere Prioritäten hat als er, statt darüber verstimmt zu sein, und das führte zu einem wertvollen Nebeneffekt. Er entdeckte viele wichtige Dinge an ihr: ihre guten Geschichts- und Kunstkenntnisse, ihren unkomplizierten Umgang mit Fremden, ihre Freude an Schönheit. Aber auch an sich selbst entdeckte er manches Neue, das ihn überraschte. All das wäre unentdeckt geblieben, hätte er nicht angefangen, die Unterschiedlichkeit zu seiner Partnerin zu achten.

Wenn eine Beziehung sicher sein soll, muss Raum da sein für die *ganze* Person jedes Partners. Niemand kann einen Teil von sich einfach loswerden. Wir nehmen uns immer mit, egal, wohin wir gehen. Wenn bestimmte Aspekte von mir in einer Beziehung nicht willkommen sind, dann kann ich nicht länger so sein, wie ich bin. Wo ist da die Sicherheit? In diesem Fall muss ich einfach Mauern errichten oder Energie investieren in das Bemühen, mich anders zu geben, als ich eigentlich bin.

Wie ist das mit den aktuellen Konflikten in Ihren Beziehungen? Was stört Sie in der einen oder anderen Beziehung am anderen? Wie können

Sie diese Unterschiedlichkeit achten? Wie schaffen Sie es, dass sie sich positiv auf die Beziehung auswirken?

Denken Sie an zwei Personen, auf die Sie immer wieder gereizt reagieren. Denken Sie an das spezielle Verhalten, das Sie irritiert. Überlegen Sie sich jetzt einen Aspekt, der an diesem Verhalten gut ist. Das ist nicht einfach, aber auch nicht unmöglich. Als mein Sohn Michael noch kleiner war, hat mich oft die Art und Weise gestört, wie er seine Cornflakes aß. Er wischte sich immer mit dem Löffel am Kinn die Milch ab, die ihm aus dem Mund gelaufen war. Das nervte mich. Sein Verhalten störte mich, aber was war daran gut? Eines Tages merkte ich, dass ich die Cornflakes genauso aß. Was mich also an Michael störte, war etwas, was ich selbst auch machte. Er spiegelte nur mein eigenes Verhalten. Wenn mich an einem anderen etwas stört, versuche ich immer herauszufinden, ob ich vielleicht etwas ganz Ähnliches tue. Ich weiß jetzt, dass die Irritation oft nur mein eigenes Fehlverhalten offenbart. Diese Entdeckung ist gut, und sie ist Folge von etwas, was ich zunächst überhaupt nicht gut fand.

Was tun, wenn die Irritation mit dem Ehepartner zusammenhängt? Wenn er oder sie schlicht und einfach bequem ist und sich nie an der Haus- oder Gartenarbeit beteiligt? Wenn er oder sie nicht mit Geld umgehen kann? Sie können sich entschließen, den anderen trotzdem zu achten. Sie können versuchen zu verstehen, woher dieses Verhalten kommt. Was in der Vergangenheit passiert ist, das sich nun in Bequemlichkeit oder verantwortungslosem Umgang mit Geld äußert. Vielleicht ist der andere so verletzt, dass ihm Alltagstätigkeiten unglaublich schwerfallen. Seien Sie vorsichtig mit endgültigen Urteilen. Schätzen Sie lieber das Gute. Wenn Sie die Unterschiedlichkeit achten – auch die Dinge, die Sie stören – und damit die Einzigartigkeit des anderen in den Vordergrund stellen, schaffen Sie ein geschütztes Umfeld, in dem die Beziehung wachsen kann.

5. Seien Sie vertrauenswürdig

Als junger Mann arbeitete mein Kollege Bob Paul als „Mädchen für alles" bei einem reichen, ziemlich exzentrischen Psychiater. Eines Tages sollte er ein Dachfenster putzen. Dieses Fenster war nicht leicht zu erreichen, trotzdem machte sich Bob mit Lappen und allerlei ungesunden Putzmitteln an die Arbeit.

Kurz darauf wollte der Psychiater das Wohnzimmer umräumen. Bob, immer noch ein wenig benebelt von den scharfen Putzmitteln, nahm eine kleine Tonfigur, um sie in ein anderes Zimmer zu tragen. Dabei stieß er mit ihr aus Versehen an den Türpfosten. Ein Bein der Figur brach ab.

Der Psychiater explodierte und schrie: „Haben Sie überhaupt eine Vorstellung davon, wie viel diese Figur wert ist? Sie ist mehrere *Tausend* Jahre alt und *Tausende* Dollars wert! Und wissen Sie, warum sie so wertvoll ist? Sie ist perfekt und fehlerlos! Das Bein kann man zwar wieder ankleben. Aber allein die Tatsache, dass die Figur geklebt ist, stellt einen immensen Wertverlust dar."

Bob hatte nicht erkannt, wie wertvoll die kleine Figur war, deswegen ging er unvorsichtig mit ihr um und hat sie so kaputt gemacht. Es wäre besser gewesen, er hätte gewusst, wie wertvoll und wie zerbrechlich sie war, dann wäre dieser irreparable Schaden nicht entstanden.

Der fünfte Schritt zu einem geschützten Umfeld in Beziehungen besteht darin, sicherzustellen, dass wir die Menschen, mit denen wir eine enge Beziehung eingehen wollen, verantwortungsvoll und vertrauenswürdig behandeln. In jedem Menschen liegt irgendetwas verborgen, was unglaublich kostbar und wertvoll, gleichzeitig aber auch sehr verletzlich ist und leicht Schaden davonträgt.

Vertrauenswürdig sein heißt, den Wert eines Menschen erkennen und ihn entsprechend behandeln. Wenn wir jemandem durch die Art unseres Umgangs zeigen, dass wir sowohl um seinen *unglaublichen Wert* als auch um seine *Verletzlichkeit* wissen und dass wir sie respektieren, zeigen wir damit, dass man uns vertrauen kann.

Vertrauenswürdigkeit, Verlässlichkeit hat meiner Ansicht nach also zwei verschiedene Aspekte:

- Sei vertrauenswürdig gegenüber anderen.
- Sei vertrauenswürdig gegenüber dir selbst.

Sei vertrauenswürdig gegenüber anderen

Wie bereits gesagt: Wenn ich andere als die wertvollen und verletzlichen Menschen behandele, die sie auch sind, zeige ich damit, dass sie mir vertrauen können. Vertrauenswürdig gegenüber mir selbst bin ich, wenn ich so handle, dass mein eigener Wert und meine eigene Verletzlichkeit ge- und beachtet werden. Wenn sich also andere im Umgang mit mir als nicht vertrauenswürdig erweisen, kann ich mich trotzdem so verhalten, dass im Hinblick auf meine eigene Verletzlichkeit mein Wert geschützt wird. Ich muss mir selbst gegenüber vertrauenswürdig sein.

Meine Söhne lernten diese Lektion in den Bergen von Colorado. Es war Winter, und Michael besuchte seinen Bruder Greg in Denver. Damals fotografierte er leidenschaftlich gern, und so bat er Greg, mit ihm irgendwohin zu fahren, wo man gute Aufnahmen machen konnte. Nach einstündiger Autofahrt und einem nicht allzu langen Fußmarsch fanden sie den perfekten Ort: einen gefrorenen Wasserfall in einer Felsschlucht.

Der Fluss war zugefroren, und Michael prüfte vorsichtig, ob das Eis wohl halten würde. Er ging einige Schritte und war dann überzeugt, dass es sowohl ihn als auch seinen Bruder tragen würde. Er wollte zu dem Wasserfall gehen, einige Bilder machen und dann schnell zum Ufer zurückkehren. Greg fand diesen Plan nicht gut, aber Michael überredete ihn.

„Vertrau mir!“, sagte er.

Greg war unsicher, trotzdem folgte er Michael zum Wasserfall. Plötzlich hörten sie ein lautes Knacken, und Michael brach ein.

Greg schrie in Panik: „Mama bringt mich um!“ Aber dann bemerkte er, dass der Fluss nur ca. einen Meter tief war und keine unmittelbare Lebensgefahr bestand.

Michael, bis zur Hüfte im eiskalten Wasser, bat seinen Bruder, ihm herauszuhelfen.

„Ich denke, ich soll dir vertrauen“, erwiderte Greg, der sich bemühte, ein Lachen zu unterdrücken. Nur Augenblicke später wurde ihm klar, dass das Lachen verfrüht gewesen war, denn dann brach er selbst durch das Eis. Nun standen beide bis zur Hüfte in dem eiskalten Bergfluss. Nach einigen schwierigen Minuten gelang es ihnen, sich gegenseitig ans Ufer zu ziehen. Die eigentliche Herausforderung stand ihnen aber noch bevor.

Es fing bereits an zu dämmern, und für die Bekanntschaft mit einem winterlich kalten Fluss waren sie auch nicht richtig angezogen. Um zum Auto zu kommen, mussten sie außerdem noch ein ganzes Stück laufen – eine vertrackte Situation. Da entdeckte Michael in den Felsen, die den Fluss umgaben, einen Spalt. Es sah so aus, als ob sie dadurch direkt zum Auto kommen könnten.

„Vertrau mir“, sagte er noch einmal. „Die kürzeste Verbindung zwischen zwei Punkten ist eine Gerade.“

Heute sagt Greg: „Ich weiß nicht, wer von uns beiden verrückter war: Michael mit seinem unmöglichen Plan oder ich, weil ich ihm noch einmal vertraute.“

Zitternd und frierend machten sie sich auf den Weg durch die Felsen, als Greg klar wurde, dass Michaels Mathematiklehrer bei seiner Erklärung einer Geraden anscheinend eines vergessen hatte: Dieses Prinzip gilt nicht in unübersichtlichem Gelände. Ohne Handschuhe brauchten sie fast eine Stunde für ihre „Klettertour“ den Felsen hinauf. Als sie endlich das Auto erreichten, waren ihre Hände so gefühllos, dass sie es einfach nicht schafften, den Wagen aufzuschließen. Sie sahen schon die Schlagzeilen vor sich: „Zwei Jungen mit Autoschlüssel in der Hand am Auto erfroren.“

Irgendwann schaffte es Greg doch, aber das Starten des Motors war ähnlich schwierig. So schnell würde er seinem Bruder wohl nicht mehr vertrauen.

Das ist eine im Nachhinein eher lustige Begebenheit zwischen zwei Brüdern. Aber sie spiegelt leider wider, was sich tagtäglich in vielen Beziehungen zwischen Paaren und unter Freunden abspielt. Wenn es in einer Beziehung um Sicherheit, Offenheit und Intimität geht, ist Vertrauen unverzichtbar.

Für Greg und Michael war die Situation unangenehm, aber nicht gefährlich. Aber was ist mit der schwangeren jungen Frau, die ihrem

Freund vertraut hat, als er sagte: „Vertrau mir. Von diesem einen Mal kannst du nicht schwanger werden."? Was ist mit dem Sohn, der seinem Vater glaubte, als der sagte: „Vertrau mir. Im Unternehmen wird niemand merken, dass ich dieses Geld unterschlagen habe."?

Diese Menschen waren nicht vertrauenswürdig, weil sie den Wert und die Verletzlichkeit der Menschen nicht beachtet haben, die sie um Vertrauen baten. So wie die zerbrochene Tonfigur fühlt die junge Frau ihren Wert missachtet, fühlt der Sohn seinen Wert geschmälert.

Wie hätte vertrauenswürdiges Verhalten in diesen Situationen ausgesehen? Der junge Mann hätte erkannt, dass seine Freundin wertvoll und verletzlich ist. Egal, wie groß die Versuchung auch gewesen wäre, er hätte anerkannt, dass sie ihm vertraut, und sie nicht zum Sex überredet. Der Vater hätte seinen Sohn so sehr geschätzt, dass er das Geld nicht unterschlagen hätte. Er hätte erkannt, dass seine Vertrauenswürdigkeit sehr viel wichtiger ist als das Geld, das er durch den Betrug erworben hat.

Vertrauenswürdig zu sein und auch zu bleiben – das ist eine ständige Herausforderung und eine immer neu zu treffende Entscheidung. Wenn andere den Eindruck haben, dass wir vertrauenswürdig sind, dann fühlen sie sich bei uns auch sicher. Dann müssen sie keinen Schutzwall um sich errichten.

Sei vertrauenswürdig gegenüber dir selbst

Vertrauenswürdigkeit hat aber auch noch einen zweiten Aspekt: die Vertrauenswürdigkeit gegenüber mir selbst. Ich handle so, dass mein Wert und meine Verletzlichkeit ebenfalls beachtet werden.

Wenn ich jemandem erlaube, in meine sensibelsten Bereiche vorzudringen, und dieser mit diesem Privileg nicht sorgfältig genug umgeht, muss ich mir diese Bereiche zurückerobern. Ich kann denken: „Entschuldigung. Anscheinend hast du ganz aus dem Auge verloren, wie wertvoll und verletzlich ich bin. Aber ich weiß das, und ich kann nicht zulassen, dass du mich so behandelst."

Nehmen wir die junge Frau aus dem Beispiel von oben. Hätte sie ihren eigenen Wert und ihre Verletzlichkeit ernst genommen, hätte sie zu ihrem Freund gesagt: „Ich lasse mich von dir nicht zu etwas drängen, was ich eigentlich falsch finde. Dafür bin ich einfach zu wertvoll." Der Sohn hätte zu seinem Vater gesagt: „Ich fühle mich unwohl bei dem Gedanken, in diese Sache verwickelt zu werden. Ich möchte da nicht mitmachen." Dieses Verhalten hätte eine gesunde Selbstsicht gezeigt. Die beiden hätten sich so gesehen, wie Gott sie sieht – als wertvoll und kostbar –, und hätten nicht zugelassen, dass dieser Wert, diese Kostbarkeit Schaden nimmt. Sie hätten also ihren Wert geschützt, indem sie sich selbst gegenüber vertrauenswürdig geblieben wären.

Ein solches Verhalten kann zu Konflikten führen. Dann müssen wir den anderen zwar unserer Liebe versichern, aber gleichzeitig ganz klarmachen, dass wir uns nicht *wohlfühlen*, wenn er uns zu etwas drängt, was unseren eigenen Wert beeinträchtigt.

In Beziehungen geht es immer wieder um Entscheidungen. Wenn wir schlecht behandelt werden, haben wir verschiedene Möglichkeiten, wie wir uns selbst gegenüber vertrauenswürdig bleiben können. Vielleicht müssen wir eine Mauer bauen und die verletzende Person ausschließen, zumindest zeitweise. Manchmal ist das das Mittel der Wahl. Einige Menschen sind schwer von Begriff, denen muss man auf die Sprünge helfen. Wir können auch weiterhin freundlich sein, aber wir müssen sie nicht mehr in unsere verletzlichsten Bereiche hineinlassen. Sie können von der anderen Seite der Mauer mit uns kommunizieren, aber mehr auch nicht. Diese Taktik ist effektiv, verhindert aber eine tiefe Beziehung. Eine echte Kontaktaufnahme ist unmöglich. Man kann niemanden umarmen, der auf der anderen Seite einer Mauer steht.

Wenn andere mich schlecht behandeln, kann ich trotzdem meinen Wert und meine Würde schützen.

Die andere Alternative ist, eine imaginäre Linie zu ziehen, die der andere nicht überschreiten darf. Damit machen wir deutlich: „Ich schütze diesen Teil von mir, weil ich dir momentan nicht vertrauen kann. Aber du sollst wissen, dass ich die Beziehung zu dir nicht aufgeben möchte. Deswegen werde ich dir auch die eine oder andere Chance geben. Aber das ist mit einer Bedingung verbunden: Du musst mir durch deine Worte und dein Handeln zeigen, dass du meinen Wert und meine Verletzlichkeit verstehst. Klappt das, können wir Freunde sein. Klappt das nicht, werde ich mich schützen."

Die Fähigkeit, sich in einer Beziehung sicher zu fühlen, hängt mehr von der Vertrauenswürdigkeit gegenüber sich selbst ab als von der gegenüber anderen. Wenn ich mir selbst nicht trauen kann, dass ich meinen Wert und meine Verletzlichkeit im Blick behalte, dann wird mein Wohlergehen davon abhängen, dass und wie andere diese Bereiche im Blick haben. Achten sie darauf, fühle ich mich sicher. Missachten sie sie, fühle ich mich unsicher und fremdbestimmt.

Wenn ich mir selbst gegenüber vertrauenswürdig bin, kann ich es mir leisten, anderen in der Beziehung zu mir viel Freiheit einzuräumen. Ich weiß, der andere *wird* vergessen, dass ich wertvoll und verletzlich bin. Es *wird* Momente geben, in denen er nicht mehr vertrauenswürdig ist. Aber damit kann ich leben, weil immer jemand da ist, der die letzte Verantwortung übernimmt – ich. Wenn der andere mich schlecht behandelt, wenn er nur noch sich selbst sieht, erobere ich mir den verletzlichsten Teil von mir zurück und schütze ihn. Ist die Vertrauenswürdigkeit wiederhergestellt, kann ich sagen: „Lass es uns noch einmal versuchen."

Ein sicheres Umfeld schaffen

Als meine Kinder klein waren, habe ich alles getan, damit sie sich zu Hause sicher fühlen konnten. Um ihnen auch zu zeigen, wie wichtig mir das war, habe ich im Flur ein kleines Schild aufgehängt, auf dem stand: „Für Norma, Kari, Greg und Michael zur Bekräftigung meines Versprechens, dass ich mich immer für euch einsetzen werde."

Manchmal machten sich die Freunde meiner Kinder darüber lustig, aber später haben meine Kinder mir erzählt, wie viel ihnen dieses Schild bedeutet hat. Sie wussten, sie konnten auf mich zählen. Ich würde nicht perfekt sein, aber ich würde mich immer für sie einsetzen, egal, was passiert. Heute sagen sie meiner Frau und mir, dass unser Zuhause für sie ein Zufluchtsort war, ein Ort der Sicherheit und Geborgenheit.

Das können Sie auch erreichen. Ob als Vater, Mutter, Freund, Ehepartner, Teammitglied oder Kollege – Sie können um sich herum solch eine Sicherheit schaffen, dass sich Menschen unwillkürlich davon angezogen fühlen. Sie können sich bewusst entschließen, ein sicheres Umfeld zu schaffen, in dem gesunde Beziehungen wachsen können. Sie können sich aber auch entschließen, Beziehungen zu beenden, bevor sie überhaupt angefangen haben. Es liegt ganz bei Ihnen.

Ich kenne einen jungen, unverheirateten Mann, der ängstlich und gestresst ist und so große Angst vor Ablehnung hat, dass er eine vergiftete Atmosphäre verbreitet, wo auch immer er hinkommt. Seine Angst vor Ablehnung ist fast mit Händen greifbar. Wenn Frauen mit ihm Kontakt aufnehmen möchten, sehen sie diesen „Beziehungssmog", der ihn umgibt, und wagen keinen ernsthaften Versuch, weil sie sich abgeschreckt fühlen.

Das Ergebnis ist klar: Er wird tatsächlich abgelehnt und fühlt sich einsam und erlebt damit genau das, wovor er sich am meisten fürchtet. Warum? Weil er noch nicht gelernt hat, ein sicheres Umfeld zu schaffen, das andere dazu einlädt, mit ihm Kontakt aufzunehmen. Ein Umfeld, in dem sie sich sicher und souverän bewegen können. Er schaut durch das falsche Objektiv. Er schafft es nicht, sich so zu sehen, wie Gott ihn sieht: als jemanden, der wertvoll und kostbar ist.

Wenn Menschen sich in unserer Gegenwart sicher fühlen, öffnen sie sich. Wenn sie sich öffnen, entsteht ganz selbstverständlich eine Verbindung. Das muss man gar nicht erzwingen. Das braucht keine Überredungskunst und keine Ermutigung. Es geschieht einfach.

Wünschen Sie sich, dass das auch in Ihrem Leben geschieht? Dann machen Sie sich an die Arbeit. Solch ein Umfeld entsteht nicht von allein. Fangen Sie an, Sicherheit in Ihren Beziehungen bewusst zu gestalten. Dazu gehört es auch, sich selbst so zu lieben, wie Gott uns liebt – oder es zu lernen.

Das Leben dreht sich um Beziehungen;
alles andere sind Nebensächlichkeiten.

3-Minuten-Check: Beziehung braucht Sicherheit – Schaffen Sie ein geschütztes Umfeld

1. **Wenn Sie ein geschütztes Umfeld schaffen,** werden Beziehungen wachsen.

2. **Respektieren Sie die Mauer.** Wenn Menschen sich bedroht fühlen, errichten sie Schutzmauern. Anstatt diese mit einem Vorschlaghammer gleich wieder einzureißen, respektieren Sie sie. Schaffen Sie eine sichere Umgebung, in der der andere selbst allmählich die Mauer einreißen kann.

3. **Achten Sie andere.** Wenn wir andere achten, betrachten wir sie als wertvoll. Wir sehen sie so, wie Gott sie sieht. Achtung schafft ein sicheres Umfeld, in dem Menschen zueinanderfinden können.

4. **(Ver)urteilen Sie nicht vorschnell.** Wenn wir echtes Interesse zeigen, statt den anderen gleich zu verurteilen, bekommen Beziehungen eine bessere Entwicklungschance.

5. **Schätzen Sie die Unterschiedlichkeit.** Wenn wir unsere Unterschiedlichkeit anerkennen und schätzen, anstatt sie zum Mittelpunkt unserer Konflikte zu machen, schaffen wir Sicherheit.

6. **Seien Sie vertrauenswürdig.** Wenn wir anderen gegenüber vertrauenswürdig sind, bemühen wir uns, sie als wertvolle und verletzliche Menschen zu behandeln. Wenn wir uns selbst gegenüber vertrauenswürdig sind, handeln wir so, dass unser Wert und unsere Verletzlichkeit ebenfalls gewahrt und geschützt bleiben.

Kapitel 6

Gut auf sich selbst achten: Laden Sie den Akku immer wieder auf

Eine revolutionäre Art zu denken

Der wichtigste neue Tanzschritt, um aus dem Beziehungskiller-Blues auszusteigen, ist die Kunst, auf sich selbst zu achten. Das kann ich ohne Übertreibung sagen, denn er hat unsere Mitarbeiter und auch meine Familie stark beeinflusst. Diese Kunst ist für mich buchstäblich lebensrettend geworden (dazu später noch mehr). Aber zunächst möchte ich betonen, wie wichtig diese Kunst ist, wenn man Beziehungen schaffen, erhalten und auf eine gesunde Weise vertiefen und weiterentwickeln möchte.

Was bedeutet es, gut auf sich selbst zu achten? Stellen Sie sich vor, Sie sind eine große Batterie. Auf Ihrem Kopf sind zwei Pole, und an Ihrer Seite sind Stecker, in die sich Menschen einklinken können, die etwas von Ihnen wollen. Wenn Sie sich Ihrerseits mit den Ausgängen auf Ihrem Kopf regelmäßig an Gott anschließen, wird Ihr Akku immer voll sein. Gottes Liebe lädt Sie jeden Tag neu auf, und deswegen können Sie diese Liebe an andere weitergeben.

Wenn Sie jedoch zulassen, dass Wut oder Ärger die Leitung zu Gott unterbrechen, oder wenn Sie sich so intensiv um andere kümmern, dass Sie dabei völlig vergessen, selbst die Verbindung zur himmlischen Kraft und Weisheit herzustellen, dann ist Ihr Akku bald leer und kann niemandem mehr nützen. Auf eine gute Art für sich selbst zu sorgen, ich nenne es einmal „gesunden Egoismus“, stellt sicher, dass der Energiepegel gleich hoch bleibt und damit auch für andere zum Segen wird.

Auf sich selbst achten, gut für sich selbst sorgen zu können – das ist der neue Tanzschritt, der bei Paaren, die wir in der Eheberatung begleiten, die grundlegendsten Veränderungen bewirkt. Die anderen vier Tanzschritte, die Macht des Einzelnen, Sicherheit, Kommunikation und Teamwork, bewirken viel, wenn sie verstanden und umgesetzt werden. Aber wenn Menschen die Kunst lernen, auf sich selbst zu achten, verlassen sie oft eingefahrene Wege. Ihr Denken wird revolutioniert, und das ist für die meisten eine ziemliche Überraschung. Für viele ist der Gedanke immer noch fremd, dass gesunde Beziehungen auch mit gesundem Egoismus zu tun haben, dass Beziehungen nur wachsen und gedeihen können, wenn ich auch auf mein eigenes Wachsen und Gedeihen achte. Das widerspricht vielem, was uns von Kind an beigebracht worden ist. Wird dieser Schritt aber erst einmal verstanden, wird erkannt, warum und wie Beziehungen erfolgreich sein werden, wenn diese Kunst beherrscht wird – dann hören wir in der Beratung immer wieder den Satz: „Warum hat mir das noch nie jemand gesagt?"

Die Kunst, auf sich selbst zu achten, und das Doppelgebot der Liebe

Jesus wurde einmal gefragt, was das wichtigste Gebot sei. Seine Antwort: „Ihn (Gott) sollt ihr von ganzem Herzen lieben, mit ganzer Hingabe, mit eurem ganzen Verstand und mit all eurer Kraft. Ebenso wichtig ist das andere Gebot: Liebe deinen Mitmenschen wie dich selbst!"[1] Und damit sind wir gleich bei der Kunst, auf sich selbst zu achten.

Jesus lehrt uns zunächst, Gott höher zu bewerten als alles andere. Wir sollen ihn lieben von ganzem *Herzen*, mit ganzer *Hingabe*, mit ganzem *Verstand* und mit aller *Kraft*. Damit bezieht Jesus sich auf jene vier Ebenen, die uns als Menschen ausmachen: die spirituelle, emotionale, intellektuelle und physische Dimension.

Im gleichen Atemzug sagt Jesus, dass wir als Gottes einzigartige Schöpfung unsere Mitmenschen genauso hoch bewerten und schätzen sollen, wie wir uns selbst schätzen. Er geht davon aus, dass wir für uns selbst nur das Beste wollen; immerhin hat er uns so geschaffen. Wir sollen aber genauso intensiv das Beste für den anderen suchen.

Wenn wir Gott mit jedem Teil unseres Seins lieben, füllt er uns mit seiner erstaunlichen Liebe – bis zum Rand! Aus dieser Fülle heraus können wir anderen von dieser Liebe abgeben. So kommen wir zu einem ausgeglichenen Leben, dem einzigen Leben, das sich lohnt.

Dabei ist allerdings eine Sache zu bedenken: Wenn wir nicht auf uns selbst achten, haben wir auch keinen Überfluss, aus dem heraus wir schöpfen könnten. Und das macht es nicht nur schwer, dieses Gebot Jesu zu erfüllen – es ist dann fast unmöglich. Wenn wir ein gesundes und erfülltes Leben führen wollen, müssen alle drei Bereiche ausgeglichen sein. Wir müssen Gott und den anderen genauso lieben wie uns selbst.

Wie sieht das aus?

Wenn Jesus diese drei Dinge: die Gottes-, Nächsten- und Selbstliebe, so eng miteinander verknüpft, dann lohnt es sich durchaus, den vier Bereichen große Beachtung zu schenken, die er ausdrücklich erwähnt: Herz (spirituelle Dimension), Seele (emotionale Dimension), Verstand (intellektuelle Dimension) und Kraft (physische Dimension). Kurz gesagt: Gott erwartet von uns, dass wir uns um unser ganzes Sein kümmern.

Die meisten Menschen haben eine klare Vorstellung davon, was es heißt, sich gut um den eigenen Körper zu kümmern, selbst wenn sie es dann doch nicht tun. Dazu gehören regelmäßiger Sport, gesundes, maßvolles Essen und ausreichend Schlaf. Sie wissen, wie wichtig all das ist, auch wenn sie es nicht in die Praxis umsetzen.

Genauso wissen die meisten Menschen, dass ein klarer Verstand notwendig ist, und sie kennen – rein theoretisch – auch den Weg dorthin: gute Ausbildung, Schulung des Denkvermögens, regelmäßiges Lesen. Auch in diesem Bereich mögen sie ihren Überzeugungen letztlich nicht folgen, trotzdem wissen sie, dass der Intellekt ein wichtiger Teil des Menschen ist.

Die meisten gläubigen Menschen sehen dasselbe auch für den spirituellen Bereich. Regelmäßiges Gebet und Bibellesen, kirchliches Engagement und Aufgeschlossenheit gegenüber spirituellen Dingen – in christlichen Kreisen würde niemand diesen Punkten ihre Wichtigkeit absprechen.

Geht es aber um den Bereich der Emotionen – die Seele –, dann herrscht meist völlige Ratlosigkeit. Die meisten Menschen haben keine Ahnung, wie sie für ihre Seele sorgen könnten, und kümmern sich entsprechend schlecht oder überhaupt nicht darum. Bei mir war es genauso.

Oft wird nicht verstanden, welche Rolle die Emotionen für die Art und Weise, wie wir Menschen sind, spielen. Wir verkennen, dass Gott uns als hochemotionale Wesen geschaffen hat, und würdigen diese Tatsache erst recht nicht.

Warum sind Emotionen so wichtig? Wir können sie uns vorstellen als Gottes Informationssystem. Sie informieren uns über Bedürfnisse und tief gehende Überzeugungen. Empfinden wir eine starke Emotion – Angst oder Trauer –, dann möchte unser Körper uns etwas Wichtiges mitteilen. Ohne Emotionen sind wir wie ein Fahrrad ohne Lenker.

Unser Gehirn ist der Computer, der wichtige Entscheidungen fällt. Aber wenn die Emotionen nicht ausreichende Datenmengen liefern, hat der Computer wenig zu tun und ist damit nutzlos.

Wir sind so angelegt, dass wir dann am meisten bewegen, wenn Verstand und Seele zusammenarbeiten. Wir treffen die besten Entscheidungen, wenn wir unseren Computer, unseren Verstand, mit Informationen aus unseren Gefühlen „füttern". Das Zusammenspiel zwischen Emotionen und Intellekt führt zu den besten Ergebnissen.

Aber genau hier liegt das Problem. Was, wenn dieser so wichtige Teil unseres Seins ignoriert wird? Wenn wir nicht wissen, was wir mit unseren Emotionen anfangen sollen?

Hören Sie auf Ihre Gefühle

Wenn man unsicher ist, was man mit seinen Gefühlen anfangen soll, hilft zunächst einmal die einfache Frage: „Was fühle ich denn überhaupt?"

Da Emotionen sich immer in körperlichen Empfindungen äußern, ist es wichtig, den eigenen Körper vom Kopf bis zu den Zehen zu untersuchen, dabei immer mit der Frage im Hinterkopf: „Was fühle ich? Sind irgendwo Spannungen? Vielleicht Schmetterlinge im Bauch?"

Es geht nicht darum, Emotionen zu bewerten. Sie sollen uns zunächst einmal lediglich Informationen liefern. Was will der Körper uns sagen? Was bedeutet dieses Engegefühl in der Brust oder der Knoten im Magen? Und bitte keine Selbstvorwürfe oder schlechtes Gewissen. Bitte nicht der Gedanke: „Eigentlich sollte ich doch so gar nicht fühlen."

Identifizieren Sie Ihre Emotionen

Oft fühlen wir uns „irgendwie unwohl", aber wir wissen nicht genau, warum eigentlich. Da hilft es, dieses Gefühl als Informationslieferanten zu betrachten und sich zu fragen: „Ich bin nervös, aber was ist der Grund dafür?"

Vielleicht fühle ich mich bei der Arbeit überfordert, vielleicht habe ich Angst, dass ein geplantes Projekt scheitert, oder ich frage mich, ob das, was ich tue, mit Gottes Willen übereinstimmt.

Habe ich diese Gefühle erkannt, kommt die nächste Frage: „Was nun? Was brauche ich von anderen? Was brauche ich von mir selbst?" Ganz wichtig ist auch, sich darüber klar zu werden, was ich selbst zu diesem Gefühl beitrage. Tue oder denke ich etwas, was es hervorruft?

Ein Beispiel mag das verdeutlichen. Angenommen, Sie sind mit einem Mann verheiratet, der sich an keinerlei zeitliche Absprachen hält. Er sagt: „Ich gehe kurz einkaufen. Um acht Uhr bin ich wieder da." Es wird acht Uhr, aber von Ihrem Mann ist nichts zu sehen. Er ruft auch nicht an, um Ihnen zu sagen, dass er aufgehalten wurde.

Zunächst machen Sie sich keine Sorgen. Nach einer Stunde sind Sie erst irritiert, dann wütend. Sie denken: *Er ist immer so rücksichtslos.*

Nach weiteren dreißig Minuten haben Sie Angst. Sie fragen sich, ob ihm wohl etwas zugestoßen ist, und spielen in Gedanken alle Möglichkeiten durch – vom Herzinfarkt bis zur Geiselnahme. Als er endlich nach Hause kommt, liegen Ihre Nerven blank und Sie fangen umgehend an, Ihren Mann zu beschimpfen.

„Du bist so rücksichtslos! Du hättest doch anrufen können! Ist dir eigentlich klar, dass ich vor Sorge schon ganz krank war? Ich dachte, dir wäre etwas Schreckliches passiert."

Das ist nicht die ganze Wahrheit. Eigentlich hätten Sie auch noch sagen sollen: „Ist dir eigentlich klar, dass ich mich hier die ganze Zeit in den Gedanken *hineinsteigere*, dir wäre etwas Schreckliches passiert?" Natürlich hätte Ihr Mann anrufen sollen. Aber müssen Sie sich denn wirklich verrückt machen, indem Sie sich in Szenarien hineinsteigern, die mit an Sicherheit grenzender Wahrscheinlichkeit niemals eintreten werden?

Erkennen Sie die Wahrheit in Ihren Emotionen

Zur Kunst, auf sich selbst zu achten, gehört nicht nur, Emotionen wahrzunehmen, sondern auch, sie positiv zu nutzen. Wir müssen entscheiden: „Bin ich jetzt gerade ehrlich zu mir selbst – oder steigere ich mich gerade in etwas hinein?"

Ist uns klar, was genau wir fühlen, folgt der nächste Schritt: Wir müssen unterscheiden, wie viel Berechtigung oder Wahrheit in diesem Gefühl steckt. Eine Möglichkeit dazu ist diese: Gehen Sie mit diesen Gefühlen zu Gott und fragen Sie ihn: „Gott, stimmt das? Wenn ja, möchte ich mich entsprechend verhalten. Wenn nicht, möchte ich trotzdem etwas Produktives damit anfangen." Angst ist an sich nichts Falsches. Aber in Angst vor etwas zu leben, was gar nicht existiert, ist höchst unglücklich.[2]

Früher hatte ich vor jedem öffentlichen Vortrag unglaubliches Lampenfieber. Ich stellte mir vor, was alles Furchtbares passieren könnte. Würde das Publikum mich ablehnen? Würde ich gut sein? Würde man mich weniger freundlich aufnehmen als die vier Redner vorher? In diese Überlegungen konnte ich mich so richtig hineinsteigern.

Das ging jahrelang so. Immer die gleichen Gedanken: „Vielleicht mache ich mich lächerlich. Vielleicht werde ich nie wieder eingeladen. Vielleicht interessiert niemanden, was ich zu sagen habe."

Mit der Zeit lernte ich, die Antworten auf diese Fragen zu verändern: „Wenn ich mich lächerlich mache, wenn ich wirklich nie wieder eingeladen werde – Gott ist derjenige, der Türen öffnet; er wird sich um meinen Ruf kümmern. Ich möchte nicht noch einmal eingeladen werden, damit ich das als Verdienst in meinem Leben vorweisen kann. Werde ich wieder eingeladen, ist das in Ordnung. Werde ich aber nicht wieder eingeladen, ist es genauso in Ordnung. Aber davon hängt meine Zufriedenheit nicht ab, denn die mache ich an Gott fest."

Gott hat uns ganz bewusst mit Gefühlen und Emotionen ausgestattet, denn er fühlt selbst sehr tief. Emotionen sollen uns wichtige Daten liefern über die Welt und unser Leben in und mit ihr. Und so sollen wir unsere Emotionen auch behandeln – als wichtigen Informationsfluss, den wir weise zu nutzen lernen.

Heißt sich selbst achten egoistisch sein?

Die meisten Menschen empfinden bei diesem Thema schon länger ein leises oder deutliches Unbehagen. Da erklingt eine warnende Stimme. In den meisten von uns steckt tief innen die Frage: „Auf sich selbst achten – ist das nicht egoistisch? Und Egoismus ist etwas, was Gott nicht will."

Eine berechtigte Frage. Die Wahrheit aber ist kurz und bündig: Gott möchte unbedingt, dass wir gut auf uns selbst achten. Jesus hat es getan, Paulus und die anderen Apostel ebenfalls.

Auf sich selbst achten, für sich selbst sorgen – ist das nicht egoistisch?

Jesus hat sich immer auch um seine eigenen Bedürfnisse gekümmert. Dafür gibt es in den Evangelien viele Beispiele: Brauchte er eine Auszeit, hat er sie sich gegönnt.[3] Er hat zugelassen, dass andere für ihn gesorgt haben,[4] und hat offen kundgegeben, wenn er hungrig oder durstig war.[5] Er hat seinen Tagesplan nicht von anderen bestimmen lassen[6] und war sich nicht zu schade, in schwierigen Zeiten seine Freunde um Unterstützung zu bitten.[7] Ohne Zögern hat er sich aus der Gefahrenzone entfernt, als seine Zeit für das Kreuz noch nicht gekommen war.[8] Kurzum: Jesus hat in hohem Maße auf sich geachtet, ohne dabei jedoch egoistisch zu sein. Darum konnte er auch ohne Zögern seinem Tod entgegengehen, als die Zeit dafür gekommen war.

Hätte Jesus gewollt, dass wir unsere berechtigten Bedürfnisse ignorieren, hätte er seinen Jüngern wohl kaum Sätze gesagt wie diesen: „Euer

Vater weiß, was ihr braucht."[9] Warum hätte er ihnen angeboten, bei ihm auszuruhen, wenn er nicht sicher gewesen wäre, dass sie auch wirklich Ruhe brauchen?[10]

Oder nehmen wir Paulus. Er schreibt: „Niemand hasst doch seinen eigenen Körper. Vielmehr hegt und pflegt er ihn. So sorgt auch Christus für seine Gemeinde."[11] Warum hätte er das schreiben sollen, wenn es egoistisch wäre, auf sich selbst gut zu achten? Warum hätte er seinem jungen Freund Timotheus empfehlen sollen: „Trink nicht länger nur Wasser. Du bist so oft krank, und da würde etwas Wein deinem Magen guttun."[12]? Damit möchte er ihm doch zwei Dinge sagen: 1. Es tut mir leid, dass du gesundheitliche Probleme hast. Daran kann man aber etwas ändern 2. Ignoriere die Probleme nicht. Du nützt niemandem, wenn du dich ständig krank fühlst.

Nur wenn unser Akku voll ist, können wir Energie an andere abgeben. Ist er leer, bleibt auch für die anderen nichts übrig.

Wenn wir uns mit Gottes Geist füllen lassen, wie er es uns anbietet[13], müssen wir keine Angst haben, dass wir irgendwann leer sind und für uns nichts übrig bleibt. Wenn wir die Verantwortung für uns selbst übernehmen und gut auf uns achten, dann können wir aus dem Vollen schöpfen. Und damit bringen wir unsere Beziehungen auf den Weg zum Erfolg.

Wenn wir gut auf uns achten, ehren wir Gott

Das klingt komisch, oder? Stimmt aber. Und das kann ich auch beweisen.

Im Normalfall lieben Eltern ihre Kinder. Sind die Kinder glücklich, sind es die Eltern ebenfalls. Was würden Sie sagen, wenn Ihre Kinder sich selbst Schaden zufügten? Und wie ginge es Ihnen, wenn Sie sehen würden, dass sie glücklich und gesund sind? Bei Gott ist es genauso. Gott ist glücklich, wenn wir glücklich sind. Deswegen sagt die Bibel: „Denn der Herr liebt sein Volk."[14] Darum sagt Jesus: „Ich … bringe Leben – und dies im Überfluss."[15] Wenn wir auf uns achten, ehren wir damit Gott.

Versetzen wir uns einen Moment lang in die Rolle des Psalmdichters. Wir gehen durch den wunderbaren Tempel und rufen laut: „Ich will den

Herrn von ganzem Herzen loben, alles in mir soll seinen heiligen Namen preisen!"[16] Wenn aber in mir nichts ist, wenn mein Tank leer und die Batterie verbraucht ist, wo soll dann das Lob herkommen? Habe ich aber gut auf mich geachtet, dann birgt dieses „alles in mir" ein großes Potenzial.

Gut auf uns selbst zu achten, ist durchaus nach Gottes Willen. Alle beteiligten Parteien profitieren davon. Denn nur, wenn wir „aufgeladen" sind, können wir uns um andere kümmern.

Es kann durchaus vorkommen, dass etwas anderes höhere Priorität hat als die Sorge für mich selbst. Ein Notfall etwa. Einem Freund geht es schlecht. Ein Kind wird krank. Für eine gewisse Zeit ist das auch völlig in Ordnung. Wir wissen: Irgendwann hat der Freund seine Krise überwunden, oder das kranke Kind ist wieder gesund. Irgendwann sind wir wieder an der Reihe.

Achten wir gut darauf, im Gleichgewicht zu bleiben, selbst wenn wir uns sehr für wirklich gute Dinge einsetzen. Wir dürfen dabei nicht vergessen, wie wichtig es ist, dass wir auch selbst nicht zu kurz kommen. Gemeinden, wohltätige Organisationen oder auch Familien fordern uns manchmal aufs Äußerste, und wir laufen Gefahr auszubrennen. Aber wir müssen und dürfen uns gegenseitig daran erinnern, dass auch Jesus sich die Zeit genommen hat, um auszuruhen und die fordernde Menge hinter sich zu lassen.

Sie sind wertvoll

Es gibt noch einen Grund, warum viele Menschen sich selbst vernachlässigen. Sie selbst stehen auf ihrer Prioritätenliste ganz unten, denn sie haben sich selbst nie als etwas Wertvolles gesehen. Sie setzen sich ganz für andere ein, aber sich um sich selbst zu kümmern, ist für sie eine Last oder eine lästige Pflicht.

Wie ist das bei Ihnen? Denken Sie, alle anderen sind einzigartig, nur Sie nicht? Können Sie sich an den Begabungen und Talenten anderer freuen, aber nicht an Ihren eigenen? Schätzen Sie Freunde und Familie, aber nicht sich selbst?

Ein Beraterkollege arbeitete mit einer jungen Frau, die unter schweren Depressionen litt. Er konnte einfach nicht herausfinden, wo der Grund dafür lag. Während einer der wöchentlichen Therapiesitzungen spürte die Klientin eine nahende Depression, die sie als dichten Nebel beschrieb, der sich über ihr Leben legte. Behutsam ging der Therapeut mit ihr zu dem Zeitpunkt zurück, an dem sie die ersten Anzeichen dieses Nebels verspürt hatte. Folgendes trat zutage: Einige Tage vorher war die junge Frau beim Friseur gewesen und hatte dort das Foto eines wunderschönen, perfekt frisierten Models gesehen. Umgehend begann in ihrem Kopf ein zerstörerisches Selbstgespräch: *Ich bin so dick und so hässlich. Warum sollte mich eigentlich jemand lieben?* An diese Art der Selbstdarstellung war sie schon so gewöhnt, dass ihr nicht einmal bewusst war, was da vor sich ging.

An dieser Stelle setzte der Therapeut an. Mit seiner Hilfe konnte die Klientin die negativen Selbstgespräche beenden und sie ersetzen durch die Sicht, die Gott von ihr hat. Sie verstand, wie Gott sie sieht, und das war der Wendepunkt.

Was wir als wertvoll betrachten, das schätzen wir auch. Das hat schon Jesus gesagt.[17] Aber es gilt auch das Gegenteil. Für die Dinge, die uns wertlos erscheinen, verlieren wir alle positiven Gefühle. Wenn Gott seine Kinder anschaut – und dazu gehören Sie auch –, dann sieht er sie als kostbar und wert, geliebt und geachtet zu werden.[18] Er sieht Sie als stark und weise.[19] Für ihn leuchten Sie „hell wie die Sterne", Sie sind „ein Brief Christi" und gehören zu „Gottes Familie".[20] Kinder Gottes haben keinen Grund, diese Sicht Gottes nicht auf sich anzuwenden. Sie gilt für jeden, nicht nur für Kinder, Freunde oder Helden.

Wenn wir uns so sehen, wie Gott uns sieht, sind wir motiviert zu einem angemessenen und behutsamen Umgang mit uns selbst. Das habe ich in der Beratungsarbeit oft erlebt. Dieser Tanzschritt hat Beziehungen auf einen völlig neuen Weg gebracht – und tut es immer noch.

Der Ort, an dem Gott wohnt

Haben wir erst einmal verstanden, dass wir es durchaus wert sind, gut behandelt zu werden, können wir noch einen Schritt weiter gehen: Wir können uns selbst als Tempel sehen. Nicht als ein Gebäude aus Marmor und Gold, sondern als einen Tempel aus Fleisch und Blut. Genauso beschreibt die Bibel einen Christen: „Oder habt ihr etwa vergessen, dass euer Körper ein Tempel des Heiligen Geistes ist, der in euch wohnt und den euch Gott gegeben hat? Ihr gehört also nicht mehr euch selbst. Gott hat euch freigekauft, damit ihr ihm gehört, nun dient auch mit eurem Körper dem Ansehen Gottes in der Welt.“[21]

Haben Sie schon einmal darüber nachgedacht, welche persönlichen Auswirkungen die Tatsache hat, dass Sie ein „heiliger Tempel“ sind, „ein Bau, in dem Gottes Geist wohnt“?[22] Wissen Sie, was es heißt, „Gott mit seinem Körper zu ehren“?

Hier wird ganz deutlich gesagt, dass jeder Christ bzw. jeder *Körper* eines Christen ein göttlicher Tempel ist, Gott geheiligt. Das wirft eine Frage auf: Müssen wir dann nicht auch besonders gut auf den *einzigen* Platz achten, an dem Gott nach seiner Entscheidung wohnen möchte?

Und an diesem Punkt kommt die Kunst ins Spiel, gut auf sich selbst zu achten.

Wenn wir gut auf den Tempel achten, den Gott uns anvertraut hat, dann ehren wir ihn damit. Tun wir es nicht, missachten wir damit Gott und sein Gebot. Gönnen wir uns permanent zu wenig Schlaf, weil wir uns so viel um andere kümmern, ignorieren wir die morgendliche Unruhe und das Gefühl der Überforderung, weil es für uns zum Dienst für Gott dazugehört, dann ist das schlichtweg Ungehorsam Gott gegenüber. Meines Wissens hat noch niemand eine Bibelstelle entdeckt, in der steht: „Opfert euren Schlaf für Jesus.“

Bei einem unserer Seminare kam eine Frau zu der Erkenntnis, dass sie sich nicht ständig verausgaben und ihre eigenen Bedürfnisse hintenanstellen muss, wenn sie Gott ehren will. Als sie das endlich verstanden hatte, war plötzlich alles beseitigt, was sie immer daran gehindert hatte, gut auf sich selbst zu achten. In ihrem Gesicht spiegelten sich Überraschung,

Freude und Hoffnung, als sie fragte: „Sie meinen, ich kann das machen und tatsächlich Gott damit ehren?" Aber selbstverständlich! Und das gilt für jeden.

Drei Aspekte guter Selbst-Fürsorge

Die Kunst, gut auf sich selbst zu achten, hat drei Komponenten, die alle gleich wichtig sind. Vernachlässigt man eine, werden auch die anderen beiden nicht funktionieren. Achtet man auf alle drei gleich stark, gibt man den wichtigsten Beziehungen im Leben die Möglichkeit, zu wachsen und sich weiterzuentwickeln.

1. Annehmen können. Wenn wir gesund bleiben wollen, müssen wir auch von anderen etwas annehmen. Wir brauchen das, was Gott für uns parat hat, und gleichzeitig die Hilfe und Unterstützung, die er uns durch andere zukommen lassen möchte. Dafür müssen wir unser Herz öffnen – für Gott und für andere. Wenn wir gut auf uns achten wollen, müssen wir lernen, die Liebe Gottes und die Liebe anderer Menschen an uns heranzulassen. Gottes Liebe muss in unsere Seele sinken. Wir müssen annehmen.

2. Bedürfnisse beachten. Wollen wir gut auf uns achten, müssen wir lernen, auf unsere berechtigten Bedürfnisse einzugehen. Dafür müssen wir verstehen, was unsere Emotionen uns über unsere Lebenssituation sagen. Wir haben ja bereits gesehen, dass Gefühle wichtige Informationen für einen effektiven Umgang mit uns selbst liefern.

Auch Jesus „wuchs heran. Sein Wissen und sein Verständnis nahmen zu, und er war geliebt von Gott und den Menschen".[23] Jesus wurde von einem Kind zum Mann. Sein Körper und sein Verstand wuchsen. Ebenso seine Liebe zu Gott. Und die Beziehungen zu anderen Menschen. Er benutzte die „Daten" aus seiner Umgebung, um zu einer reifen Persönlichkeit heranzuwachsen.

Alle diese Quellen – Signale aus Körper, Verstand und Herz – liefern hilfreiche Informationen für den Prozess, auf sich selbst achten zu lernen. Ein harmonisches und ausgeglichenes Leben ist nur möglich, wenn wir lernen, uns diese Quellen ausgewogen zunutze zu machen.

3. Geben. Das Bewusstsein, dass Gott uns auf Beziehungen hin angelegt hat, verhindert, dass aus der Kunst, auf sich selbst zu achten, purer Egoismus wird. Denn dann wissen wir, dass wir für die Ausübung dieser Kunst nur einen Grund haben: Wir wollen etwas haben, das wir anderen geben können.

Die Fürsorge für sich selbst und das Teilen mit anderen gehören zusammen – und aus beidem wächst Beziehung.

Eines muss dabei ganz klar sein: Wir können nicht wirklich gut auf uns selbst achten, ohne mit anderen zu teilen und ihnen zu dienen. Wenn wir nichts geben, sondern immer nur nehmen und uns immer nur wichtig ist, dass wir selbst nicht zu kurz kommen, dann handeln wir wider unsere eigenen Interessen.

Wir sind für unsere Trinkwasserversorgung nicht mehr auf Brunnen angewiesen, aber viele Menschen in der Welt bekommen ihr Wasser immer noch aus großen Zisternen, die Grundwasser oder Regenwasser speichern. Ohne Wasser ist solch ein Brunnen nutzlos. Aber genauso wenig ist er zu gebrauchen, wenn das gespeicherte Wasser schal und abgestanden ist. Das passiert, wenn das Wasser immer nur im Brunnen bleibt und nie hinauskommt, also nie Platz macht für frisches Wasser. Unser Ziel muss es sein, den Pegel zu erhöhen, auszugießen und wieder voll zu werden, in einem nie endenden Zyklus von Geben und Nehmen von Gottes Liebe. Darauf kommt es an bei der Kunst, auf sich selbst zu achten: Indem wir uns um andere kümmern, kümmern wir uns gleichzeitig um uns selbst.

Annehmen, Bedürfnisse beachten, geben – fehlt eine dieser drei Komponenten, entsteht eine Lücke. Achten wir auf alle drei gleich stark, werden wir tiefe, bleibende und erfüllende Beziehungen erleben.

Wie starten Sie?

Wie gehen Sie in Beziehungen hinein? Gesund oder bereits angeschlagen? Vorbereitet oder nur bedürftig? Bereit zu geben oder zu müde zum Reden? Gesunde Beziehungen erfordern die alte Pfadfindertugend: Allzeit bereit!

Mein Freund Scott Sticksel beschreibt das so: „Wenn mein Vater und ich zu einem Angelausflug starteten, war er immer gut vorbereitet. Er hatte die Ausrüstung beisammen, ebenso Proviant und einen gut ausgestatteten Erste-Hilfe-Kasten mit Nadel und Faden, Schere, Streichhölzern und Verbandszeug. Er war bereit.

Ich glaube, so gut vorbereitet sollten wir auch in unsere Beziehungen gehen. Wenn Unvorhergesehenes geschieht, sind wir so in der Lage, angemessen damit umzugehen."

Erst vor Kurzem wurde mir wieder einmal klar, wie recht Scott mit diesen Worten hat. Ich kam in eine Situation, auf die ich *nicht* vorbereitet war, und das hätte mich fast das Leben gekostet.

Ein Weckruf

Im November 2003 musste ich mich einer Nierentransplantation unterziehen. Kurze Zeit später las ich das Buch *Tödliche Emotionen* von Don Colbert. Dieses Buch hat mein Leben verändert.

Durch diese Lektüre erkannte ich den Grund für den Herzinfarkt, den ich einige Jahre zuvor erlitten hatte, und auch für die Autoimmunerkrankung, die meine Nieren zerstörte. Über zu lange Zeit hatte ich zugelassen, dass mein Stressniveau auf einem permanent hohen Stand blieb, und dadurch meinen Körper ständig zwei Stresshormonen ausgesetzt: Adrenalin und Cortisol. Laut Dr. Colbert hat das „schädigende Auswirkungen auf unseren Körper".[24] „Unbehandelt kann eine ständige Ausschüttung der Stresshormone Adrenalin und Cortisol den Körper ‚verätzen', so wie Säure Metall verätzt. Auch Stunden nach der eigentlichen Stressursache kann der Hormonpegel noch sehr hoch sein und weitere Schäden anrichten."[25]

Mein ungelöstes Stressproblem, das ich noch nicht einmal erkannte, spornte mein Immunsystem zu Höchstleistungen an. Dadurch wurden auch bald normale Zellen angegriffen, und so kam ich zu meinem Herzinfarkt und der Nierenkrankheit. Aber das größte Problem war, dass ich mich nicht gestresst fühlte. Für mich war das ganz normal. *Stell dich nicht so an, Smalley,* sagte ich mir, wenn irgendeine Unruhe aufkommen wollte.

Sehen Sie, was geschah? Ich hörte nicht auf meine Emotionen und ließ die Informationen, die sie mir eigentlich liefern wollten, unbeachtet.

Wie entsteht Stress? Ganz allgemein gesagt ist Stress die Folge unerfüllter Erwartungen. Stress ist die *Lücke* zwischen dem, was wir von uns und anderen erwarten, und dem, was dann tatsächlich geschieht. Je größer die Lücke, desto größer der Stress. Das führt zu verletzten Gefühlen, Frust, Irritation, Feindseligkeit, Schuldgefühlen und mangelnder Vergebungsbereitschaft. Wir können nachts nicht mehr schlafen, wir liegen wach und grübeln.

In den letzten zwei Jahren hatte ich viele solcher Nächte. Ich hatte mir beruflich und privat einfach zu viel aufgeladen. Und ich schaffte es nicht, meine gestressten Emotionen effektiv in den Griff zu bekommen. Eine von Dr. Colberts Aussagen hat mich besonders angesprochen: „Wenn wir unser Stressniveau und damit die Ausschüttung der schädlichen Hormone nicht unter Kontrolle bekommen, dann werden wir ernsthaft krank."[26]

Ich habe schon zwei Krankheiten. Das reicht. Mehr brauche ich nicht.

Dieses Buch war für mich wie ein Weckruf. Mir wurde klar, dass ich mehr darüber lernen muss, wie ich besser auf mich achten kann. Was Sie hier lesen, ist das Ergebnis meiner Überlegungen. Mein Leben hat sich deutlich verändert. Heute bin ich viel entspannter und ruhiger. Mein Blutdruck ist auf einem Niveau, das ich vor dreißig Jahren zum letzten Mal hatte!

Heute gehören zu meinem normalen „Tagesprogramm" vier Schritte, die mein Stressniveau vermindern, ja es manchmal sogar ganz auf null bringen. Noch vor dem Aufstehen bete ich diese vier Schritte durch.

1. Ich beginne den Tag, indem ich alle irdischen Erwartungen so weit wie möglich hinter mir lasse. Ich erwarte nicht länger, dass sich das Leben nach meinem Willen, meinem Zeitplan oder meinen Wünschen entfaltet. In allen Bereichen richte ich meine Erwartungen aus an den Erwartungen Gottes und an seinem Zeitplan.[27] Ich überlasse alles ihm.[28] Natürlich habe ich immer noch Träume und Ziele, aber ich bin bereit, in allem Gott das Timing zu überlassen. Denn mein eigenes Timing hat mich fast das Leben gekostet. Ab jetzt ist der Herr mein Hirte, und mir wird nie wieder an etwas mangeln. Er wird mich zu saftigen Wiesen und zu frischen Quellen führen. Das Einzige, was ich erwarte, ist, dass Gottes Güte und Liebe mich jeden Tag begleiten.[29]

2. Ich weiß: Alles, was mir begegnet, muss zuerst an Gott vorbei. Gott kann schlechte Erfahrungen von mir fernhalten. Lässt er sie zu, so will ich sie als etwas annehmen, das er an seinem Herzen vorbeigelassen hat. Wenn noch nicht einmal ein Spatz auf die Erde fällt, ohne dass Gott darum weiß, dann wird mir erst recht nichts geschehen, was nicht vorher an Gott vorbeigegangen ist.[30]

3. Jede unangenehme Erfahrung ist eine Gelegenheit zum Lob Gottes. Wenn mir etwas Frustrierendes passiert, frage ich: Was kann ich daraus Gutes für mich ziehen? Und: Wie bringt mich das Christus näher? Dabei helfen mir drei Wahrheiten:

- Wer Gott liebt, dem dient alles, was geschieht, zum Guten. Schwierigkeiten können zu größerer Liebe führen – für Gott und für andere. Ich werde reifer und dadurch Christus ähnlicher.[31]
- Emotionale Schwierigkeiten erinnern mich daran, dass ich in Gott alles habe, was ich brauche. Ich erkenne, dass ich Gott liebe und völlig abhängig bin von ihm. Er wird vor mir hergehen, um meinen Weg zu bereiten, und hinter mir her, um mich zu beschützen. Er wird mich führen. Er wird mich trösten. Ich brauche nur ihn.[32]
- Ich bekomme die Möglichkeit, auf „Schatzsuche" zu gehen, hinter den schwierigen Erfahrungen das Gute zu entdecken. Gott wandelt Asche zu Schönheit, Trauer zu Freude. Durch meinen Schmerz macht er mich stark.[33]

4. Ich ruhe in Gott, höre auf ihn und frage, was er von mir will. Ich bitte Gott, mir zu zeigen, was er mit mir vorhat. Dann frage ich andere, ob sie das bestätigen können. Ich möchte nicht vorschnell sein. Ich will mir Zeit lassen und darauf warten, dass Gott mir neue Kraft gibt.[34]

Soll ich Ihnen noch etwas gestehen? Das eigentlich Peinliche ist ja: Diese vier Schritte kannte ich auch schon vor zwanzig Jahren, und ich habe auch konkret mit ihnen gelebt.

Aber im Laufe der Jahre sind sie in den Hintergrund geraten, und dadurch habe ich ernsthafte gesundheitliche Probleme bekommen. Aber Gott ist gnädig! Er hat mir eine zweite Chance gegeben. Jetzt kann ich für den Rest meines Lebens diese Kunst ausüben, gut auf mich selbst zu achten.

Vielleicht stehen Sie nicht kurz vor einem Herzinfarkt oder vor Nierenversagen. Trotzdem wird es Ihnen guttun, wenn Sie die Punkte dieses Kapitels ernst nehmen:

Hören Sie auf Ihre Emotionen, und nutzen Sie sie als Informationsquelle.

Achten Sie auf die eigenen (spirituellen, emotionalen, intellektuellen, körperlichen) Bedürfnisse.

Lassen Sie den Akku nie ganz leer werden.

Wenn Sie das beachten, werden Sie vorbereitet sein auf wirklich erfüllende Beziehungen.

***Das Leben dreht sich um Beziehungen;
alles andere sind Nebensächlichkeiten.***

3-Minuten-Check: Die Kunst, gut auf sich selbst zu achten: Laden Sie den Akku immer wieder auf

1. **Auf uns selbst zu achten ist wichtig für unsere Beziehungen.** Denn wenn wir nicht auf uns achten, haben wir auch nichts zu geben.

2. **Gott steht an erster Stelle, und andere sollen wir so lieben wie uns selbst.** Das Doppelgebot der Liebe zeigt, dass wir andere nur so lieben können, wie wir uns selbst lieben. Wenn wir alle Dimensionen unserer Person ernst nehmen – die spirituelle, emotionale, intellektuelle und körperliche – und in allen Bereichen gut für uns sorgen, sind wir bereit für gesunde Beziehungen.

3. **Emotionen sind ein Informationssystem.** Sie sagen uns, was wir brauchen, was uns fehlt, wie unser allgemeiner Lebenszustand ist.

4. **Wir müssen auf unsere Emotionen hören.** Wir müssen sie klar erkennen und einschätzen können, ob sie uns eine zutreffende Botschaft übermitteln oder nicht.

5. **Auf sich selbst achten hat nichts mit Egoismus zu tun.** Im Gegenteil: Es ist mit das Beste, was wir für Familie, Freunde und Kollegen tun können.

6. **Dazu gehört auch: Annehmen können, Bedürfnisse beachten und Geben.** Wir müssen fähig sein, auch etwas von anderen anzunehmen, auf unsere berechtigten Bedürfnisse zu achten und aus unserer Fülle heraus mit anderen zu teilen und Liebe weiterzugeben.

7. **Stress lässt sich reduzieren.** Innerer Friede ist möglich:
   – Erwarten Sie weniger.

- Nehmen Sie alles, was passiert, aus Gottes Hand. Er hat es zugelassen.
- Verwandeln Sie jede stressige oder unangenehme Erfahrung, indem Sie nach dem Guten darin suchen, für das Sie Gott danken können.
- Finden Sie Ihren Frieden bei Gott. Verweilen Sie vor ihm, hören Sie auf ihn, fragen Sie danach, was er von Ihnen will.

Kapitel 7

Emotionale Kommunikation: Lernen Sie, mit dem Herzen zu hören

Die Ehe von Bob Paul und Jenni steckte in einer Krise, und Jenni erklärte, dass sie sich von ihrem Mann nicht geliebt fühlte. Diese Aussage hat Bob zutiefst erschüttert, denn er liebt seine Frau aufrichtig. Er verstand überhaupt nicht, was sie meinte.

Bob war der Meinung, dass er ziemlich empfänglich war für die Liebe Gottes und dass er auch für andere Menschen viel Liebe empfand. Deswegen war er so erstaunt, dass Jenni sich von ihm nicht geliebt fühlen sollte. Was er auch tat, seine Liebe schien also nicht zu ihr durchzudringen. Und Bob fragte sich nach dem Grund dafür.

Eines Tages, als Jenni an ihm vorüberging, gab Bob ihr spielerisch einen Klaps auf den Po. Sie drehte sich zu ihm um und funkelte ihn wütend an. Bob dachte nur: *Reg dich doch nicht gleich so auf. Ich will doch nur mit dir flirten.*

Einige Tage später plante Bob etwas Besonderes (dachte er zumindest). Wenn er nach Hause kam, wollte er gleich in die Küche zu Jenni gehen (die, wie er wusste, zu der Zeit kochen würde), wollte sie in die Arme nehmen, sie einmal herumschwingen und ihr dann einen langen, leidenschaftlichen Kuss geben. Das, dachte er, würde der Höhepunkt ihres Tages sein.

Gedacht, getan. Jennis Reaktion war allerdings anders als erwartet. Denn auch bei dieser Gelegenheit funkelte sie ihren Mann nur wütend an. Der war erstaunt: *Was ist denn los? Ich tue das, wovon jede andere Frau träumt, und du bist nur wieder wütend! Warum?*

Bob fing an, darüber nachzudenken, wie er mit seiner Frau kommunizierte. Ihm wurde klar, dass er es nicht geschafft hatte, Jenni seine Liebe zu zeigen, obwohl das doch sein erklärtes Ziel gewesen war. Jenni fühlte sich offenbar noch immer nicht geliebt. Was er auch tat – es funktionierte nicht.

Bob sagte: „Ich kam an den Punkt, an dem der Mann in mir dachte: *Das ist mir zu blöd. Ich habe es satt, immer nur zu versagen. Was ich auch tue, alles geht schief.* Schließlich sagte ich mir selbst: ‚Vielleicht sollte ich herausfinden, warum Jenni nicht reagiert wie erwartet. Vielleicht kann ich es anders anfangen. Ich möchte, dass es einfach wieder klappt zwischen uns.'"

Niemand möchte gern ein Beziehungstollpatsch sein. Jeder möchte in Beziehungsdingen der Held sein. Oder? Deshalb geht es in diesem Kapitel um etwas, was das Potenzial hat, wichtige und kostbare Beziehungen radikal zu verbessern. Es geht um eine andere Weise der Kommunikation. Studien belegen sogar, dass diese Methode die vier Hauptursachen für eine Scheidung beseitigt.[1] Für mich ist sie die beste Kommunikationsmethode der Welt. Ich habe ihre verblüffende Wirkung nicht nur in meiner eigenen Familie bemerkt, sondern auch bei vielen anderen Paaren und Singles, die damit ihre Beziehungen wirklich bereichert haben. Sie ist nicht unbedingt einfach zu lernen. Aber die Mühe lohnt sich.

Die Gefühle hinter den Worten

Es gibt einen Mythos, der sich hartnäckig hält und der verhindert, dass wir von einer effektiven Kommunikation profitieren. Viele Menschen glauben, dass echte Kommunikation dann stattfindet, wenn sie die *Worte* des anderen verstehen. Für sie ist effektive Kommunikation gleichzusetzen mit dem korrekten Verstehen von Worten und Sätzen.

Effektive Kommunikation beginnt dort, wo wir hinter den Worten die Gefühle des anderen verstehen.

Gute Kommunikation ist aber viel mehr als das. Sie geschieht erst, wenn wir die *Gefühle* hinter dem gesprochenen Wort verstehen. Menschen fühlen sich verstanden und eng mit einem anderen verbunden, wenn sich die Kommunikation auf ihre Emotionen und Gefühle konzentriert und nicht nur auf ihre Worte oder Gedanken.

Das ist die Magie effektiver Kommunikation. Unser Ziel muss sein, über das Verstehen des gesprochenen Wortes hinauszugehen und die dahinterliegenden Emotionen zu begreifen. Es ist viel wichtiger, die Gefühle zu entdecken, die einer Situation zugrunde liegen, und sie anzusprechen, als lediglich die Worte nachzuplappern. Fragen Sie sich also in Gesprächen: „Was ist die emotionale Botschaft dieser Worte?"; und nicht nur: „Was habe ich jetzt gerade gehört?"

Angenommen, eine Frau sagt zu ihrem Mann: „Ich denke, unsere Kinder sollten nicht auf eine staatliche Schule gehen. Wir sollten überlegen, ob es nicht eine gute Privatschule gibt."

Was meint sie damit? Die Frau benutzt in diesen beiden Sätzen keinerlei „Gefühlsworte". Und doch wäre es völlig falsch, wenn ihr Mann lediglich antworten würde: „Du sagst also, dass unsere Kinder nicht auf eine staatliche Schule gehen sollten." Damit hätte er den eigentlichen Sinn ihrer Worte komplett verpasst. Das, worum es ihr wirklich geht, kommt dabei nicht zur Sprache.

Aber wenn er nun auf die Emotionen hinter den Worten achten würde? Wenn er mit dem Herzen hören würde? Wenn er antworten würde: „Willst du damit sagen, dass du dir Sorgen um die Kinder machst?" Dann hätte er hinter dem gesprochenen Wort die echte Sorge seiner Frau entdeckt. Er hätte ihre emotionale Botschaft verstanden – die Sorge um die Kinder.

Menschen fühlen sich verstanden und geliebt, wenn ihre Gefühle verstanden und akzeptiert werden.

Viele Menschen bleiben genau an diesem Punkt stecken. Sie sprechen über ihr Handeln, aber nicht über ihre Gefühle oder tiefen Ängste. Das können sie erst, wenn sie lernen, die Emotionen hinter den Worten zu entdecken. Sie werden erst frei, wenn sie hinter die geäußerten Gedanken und Meinungen schauen und die darunter verborgenen Gefühle entdecken (wie ein Goldgräber, der den Sand durchsiebt, um die Goldkörner darin zu finden) – wenn sie den Ort finden, an dem echte Sorge und tiefe emotionale Erfahrungen liegen.

Du bist mir wichtig

Wenn wir daran arbeiten, die Gefühle hinter den Worten aufzudecken, vermitteln wir damit unserem Ehepartner, Kind, Freund oder Kollegen: „Mich interessiert, was du fühlst. Das ist mir wichtig." Wenn diese Botschaft verstanden wird, fühlt der andere sich umsorgt und geliebt.

Vermitteln wir diese Botschaft aber nicht, wird der andere sich nicht geliebt fühlen, selbst wenn wir die Worte, die gesprochen werden, klar und deutlich verstehen. Echte Kommunikation bleibt so auf der Strecke.

Viele Menschen haben damit allerdings Probleme (ja, besonders die Männer). Männer denken linear: Drück dich klar aus, komm zum Punkt. Wir möchten ein Problem lösen oder eine Aufgabe erledigen, aber doch nicht uns mit Emotionen befassen. Uns interessiert nur, was geschehen muss, damit die Dinge wieder laufen wie gewohnt.

Aber ohne auf die Emotionen zu hören und darauf zu reagieren, werden wir trotz aller Problemlösungskünste dieser Welt nicht zum eigentlichen Problem vordringen können. Nur wenn die Gefühle, die hinter einem Problem liegen, verstanden werden, ist effektive Problemlösung überhaupt möglich. Als Bob das erst einmal verstanden hatte und sich entsprechend verhielt, kam die Ehe aus der Krise heraus.

Bob erzählte: „Ich wollte Jenni ‚studieren', wollte lernen, was sie denkt und fühlt. Nach dem Essen an jenem Abend fragte ich sie, warum sie so wütend war, als ich sie küsste."

Die Gegenfrage, die Jenni ihm stellte, löste eine immense Angst in Bob aus: „Willst du das *wirklich* wissen?"

Genau das fragte Bob sich dann auch: *Will ich es denn wirklich wissen*? Er war sich nicht sicher. Er wusste nur, dass er die Beziehung wieder in Ordnung bringen wollte. Deswegen antwortete er: „Ja, ich möchte das wirklich gerne wissen."

Jenni erklärte: „In dem Moment, als du mich geküsst hast, musste ich an zehn verschiedene Dinge gleichzeitig denken. Das Essen war noch nicht fertig, und ich hatte das Gefühl, ich müsste alles stehen und liegen lassen und mich nur auf dich konzentrieren. Es kam mir so vor, als ob dich mein Leben überhaupt nicht interessiert."

Bob schluckte und antwortete: „Das war natürlich überhaupt nicht meine Absicht. Ich wollte dir nur etwas Gutes tun. Dir das Gefühl vermitteln, dass du geliebt wirst. Was hätte ich denn stattdessen tun können?"

Wieder kam die Frage: „Willst du es wirklich wissen?"

Bob gewöhnte sich langsam an seine Antwort: „Ja, ich möchte das wirklich gern wissen."

„Wenn du an der Küchentür einen Moment angehalten und dir einen Überblick über die Situation verschafft hättest, um mir dann auf irgendeine Art deine Hilfe anzubieten – *das* hätte mir das Gefühl vermittelt, dass ich geliebt werde."

Bob dachte: Das ist doch eigentlich nicht so kompliziert.

Aber es war ja noch eine Situation zu klären: „Als ich vorgestern mit dir flirten wollte und dir einen Klaps auf den Po gegeben habe, da bist du auch wütend geworden. Warum?"

„Du willst es wirklich wissen?"

„Ja, ich möchte das wirklich gern wissen."

Jenni erklärte, dass für sie solch ein Klaps schon etwas sehr Intimes ist. „Die Kinder haben nebenan ihre Hausaufgaben gemacht. Ich fühle mich einfach unwohl, wenn du in ihrer Gegenwart so mit mir umgehst. Das gehört für mich einfach nicht in die Küche."

Später erzählte Bob mir: „Ich empfinde das überhaupt nicht so. Für mich ist das einfach eine Art, der ganzen Welt zu zeigen, dass ich meine Frau liebe. Aber sie ärgert sich darüber."

Bob fragte Jenni, ob es noch etwas gäbe, was er anders machen könnte. Momentan fiel ihr nichts ein, aber Bob erinnerte sich an eine Situation mit ihrer ältesten Tochter Jessica. Sie kam immer wieder einmal zu ihm und küsste ihn herzhaft auf den Mund, was er völlig unangemessen fand. Jenni hatte da eine Idee: „Wenn sie dir das nächste Mal einen Kuss geben will, dann dreh einfach deinen Kopf so, dass sie deine Wange trifft. Und dann gib du ihr auch einen Kuss." Das funktionierte und brachte Bob noch auf eine andere Idee.

„Was hältst du davon", fragte er Jenni, „wenn ich dir nächstes Mal statt einem Klaps auf den Po einen herzhaften Kuss auf die Wange gebe? Denn meine Zuneigung möchte ich dir schon irgendwie zeigen."

Jenni war begeistert.

Und Bob dachte noch einmal: So schwierig ist das doch eigentlich gar nicht.

Effektive Kommunikation lässt sich auf einen sehr schlichten Nenner bringen: Hören Sie mit dem Herzen. Reden Sie mit dem Herzen! Wenn Menschen sich emotional verstanden fühlen, dann fühlen sie sich auch gut aufgehoben. Jemandem nur mit dem Kopf zuzuhören ist etwas völlig anderes, denn dann achtet man nur auf den Inhalt der Worte, nicht auf die dahinterstehenden Emotionen. Ziel einer effektiven Kommunikation aber ist genau das: die *emotionale* Botschaft des Sprechers zu verstehen. Dazu gehört die Frage: *Was fühlt der andere?*

Die eigentliche Botschaft liegt meist nicht in den Worten, sondern in der Emotion hinter den Worten.

Lassen Sie die Emotionen des anderen an sich heran

Es ist eine Sache, Emotionen zu erkennen und zu sagen: „Du bist jetzt aber wirklich wütend, das sehe ich." Etwas ganz anderes ist es, diese Gefühle an das eigene Herz heranzulassen und zuzulassen, dass man selbst auch den Zorn, Schmerz oder die Traurigkeit des anderen mitempfindet. Das Geheimnis liegt darin, Gefühle nicht nur zu verstehen, sondern sich auch selbst von ihnen berühren zu lassen. So vermittelt man anderen am besten, dass sie ernst genommen und geliebt werden.

Vor einigen Tagen konnte ich nachts nicht schlafen, weil mir ein Gespräch nachging, das ich mit meinem Sohn Greg geführt hatte. Er hatte auf der Arbeit eine sehr schwierige Situation zu klären und hatte nicht den Eindruck, dass ich den Schmerz verstand, der damit verbunden war. „Interessiert dich das eigentlich?", fragte er. Zu dem Zeitpunkt war mir in der Tat nicht klar, wie sehr er unter der Situation litt. Also versuchte ich, mich in seine Lage zu versetzen und das in meinem Herzen nachzuvollziehen, was er im letzten Jahr erlebt hatte. Dabei kamen so viele Gefühle ins Spiel, dass ich ganz überwältigt war. Plötzlich konnte ich seinen Schmerz spüren und verstehen, wie er sich gefühlt haben musste. Zwei Tage später erzählte ich ihm davon und erklärte, wie ich angefangen hatte, seinen Schmerz zu verstehen. Er sah mich an und sagte: „Genau das brauchte ich von dir. Einfach zu wissen, dass du verstehst, macht die Sache schon leichter.“

In seinem Buch *Scandalous Freedom* (Skandalöse Freiheit) spricht der Autor und Radiomoderator Steve Brown darüber, wie wichtig es ist, den Schmerz und die Verletzungen anderer ganz nah an sich heranzulassen:

> Eine Freundin von mir bricht immer fast in Tränen aus, wenn bestimmte Themen angesprochen werden. Wenn ich Tränen sehe, sehe ich sofort ein Problem, das unbedingt gelöst werden muss. Ich habe ihr also alle möglichen Vorschläge gemacht, wie sie ihr Problem in den Griff bekommen könnte. Nach einigen fehlgeschlagenen Versuchen sagte sie: „Hör auf damit. Meine Tränen sind gut.“
>
> Ich bat um eine Erklärung, und sie erzählte, dass sie sich viele Jahre lang von ihrem eigenen Schmerz und dem Schmerz anderer wie abgeschnitten empfand. „Ich empfand schon irgendwie Mitgefühl. Es war mir nicht egal, was andere durchmachen mussten – aber ich konnte nicht wirklich das fühlen, was sie verletzte. Sogar von meinem eigenen Schmerz habe ich mich ausgeschlossen.“ Dann sagte sie etwas sehr Wichtiges: „Steve, meine Tränen sind gut, weil sie mir zum ersten Mal in meinem Leben das Gefühl geben, dass ich echt bin.“[2]

Etwas Ähnliches wie in dieser Begegnung geschieht in effektiver Kommunikation. Nicht nur die anderen profitieren davon, sondern auch wir selbst. Wir merken, dass wir „echt“ sind. Aber am meisten hat immer noch der davon, der sieht, wie sein oder ihr Schmerz uns wirklich betrifft.

Finden Sie, dass das sehr kompliziert klingt? Nach viel Mühe? Zu viel Mühe? Ist es vielleicht nicht doch sinnvoller, einfach eine Entscheidung zu treffen, ohne die Gefühle des anderen bis ins Kleinste zu verstehen? Hier kann ich nur warnen. Eine schnelle Entscheidung löst das Problem selten. Wenn Menschen nicht das Gefühl haben, verstanden und geliebt zu werden, dann stimmen sie einer Entscheidung vielleicht zu, aber sie werden nicht ernsthaft dahinterstehen. Außerdem werden sie nicht das Gefühl haben, dass diese Entscheidung für die Beziehung eine Hilfe ist oder sie weiterbringt. Irgendwann werden diese Dinge sowieso noch einmal angesprochen werden müssen.

Zuhören bedeutet nicht Zustimmen

Es gibt Menschen (ja, mehrheitlich Männer), die diese Methode der effektiven Kommunikation nur zögerlich anwenden. Und zwar, weil sie befürchten, sie müssten dann das tun, was der andere von ihnen will. Sie denken, auf dieser Ebene mit einem anderen Menschen zu reden, sei gleichbedeutend damit, ihm in allem zuzustimmen. Oder sie befürchten Schuldgefühle, wenn im Laufe des Gesprächs zu viele Gefühle ins Spiel kommen.

Ich kann mich aber durchaus bemühen, die Gefühle eines Menschen zu verstehen, selbst wenn ich dem, was er oder sie sagt, nicht unbedingt zustimme. Wenn ich sehe, dass meine Frau verletzt ist, kann ich ihr klarmachen, dass mich das nicht kaltlässt. Natürlich kann sie fälschlicherweise davon ausgehen, dass ich der Grund für diese Verletzung bin, auch wenn das so nicht stimmt. Aber ihr Irrtum über den Grund der Verletzung hält mich nicht davon ab, mit ihr mitzufühlen. Wenn ich sage: „Norma, ich verstehe gut, dass du verletzt bist, dass das für dich sehr kränkend ist", dann sage ich damit nicht gleichzeitig: „Norma, du hast recht, ich habe dich verletzt." Was ich sage, ist: „Norma, ich sehe und verstehe, dass du wirklich verletzt bist, und es ist mir ganz und gar nicht egal, wie es dir geht." Ich vermittle ihr, dass ihre Gefühle mir wichtig sind.

Wenn heftige Emotionen zum Ausdruck kommen, fühlen wir uns leicht bedroht. Aber: Es lohnt sich, das Risiko einzugehen.

Manchmal schrecken wir vor effektiver Kommunikation zurück, weil wir uns angesichts heftiger Emotionen verletzlich fühlen. Wir haben das Gefühl, die Kontrolle zu verlieren. Wir können nicht einschätzen, wo uns das hinbringt, und das macht uns Angst.

Aber wenn wir uns solchen Situationen verweigern, erscheinen wir als unsensibel. Denken Sie noch einmal an die Freundin von Steve Brown.

Eine Beziehung wird nicht wachsen, wenn der andere den Eindruck hat, dass wir uns nicht für ihn interessieren.

Sagen wir zum Beispiel: „So solltest du aber nicht empfinden", dann sagen wir damit eigentlich: „Es interessiert mich nicht, was du empfindest. Deine Gefühle sind falsch. Sie sollten anders sein." Und wer fühlt sich bei jemandem geborgen, der so etwas vermittelt? Vielleicht erscheint Ihnen die vorgeschlagene Kommunikationsmethode riskant. Vielleicht fühlen Sie sich dafür zu verletzlich. So geht es mir manchmal auch. Natürlich ist das Risiko hoch. Aber ich weiß, ich kann es eingehen. Warum? Weil ich mich bereits entschieden habe, Verantwortung für mich zu übernehmen. Ich übe mich bereits in der Kunst, auf mich selbst zu achten. Und ich finde, dass meine Fähigkeit, andere wichtig zu nehmen, um ein Vielfaches wächst, wenn ich weiß, dass ich selbst auch nicht zu kurz gekommen bin. Wäre das nicht der Fall, wäre es wohl auch zu riskant, und ich würde ins Trudeln kommen. Darum haben wir auch vorher über die Schritte gesprochen, die dem vorausgehen sollten: die Macht des Einzelnen, Verantwortung für sich selbst zu übernehmen, über die Kunst, auf sich selbst zu achten. Diese Dinge muss man beherrschen, bevor man sich auf diese Art der Kommunikation einlässt.

Effektive Kommunikation schafft einen Raum, in dem Menschen fühlen können, was andere fühlen. Durch diese Methode können Menschen sich auf der Ebene des Herzens verstehen und es lernen, sich auf die eigenen Emotionen einzulassen.

Ein dynamischer Entdeckungsprozess

Mein Kollege Bob Paul sagt gern: „Effektive Kommunikation ist ein dynamischer Entdeckungsprozess, der Energie und Spannung in einer Beziehung aufrechterhält."

Und was meint er damit? Schauen wir uns den Satz etwas genauer an.

Erstens: Effektive Kommunikation ist *dynamisch*. Sie verändert sich. Es gibt keinen Stillstand. Sie windet und schlängelt sich, dreht sich, macht Sprünge und schlägt Haken. Deswegen ist es unmöglich, einfach die

Worte eines anderen durch einen elektronischen Übersetzer laufen zu lassen und am Ende die klar formulierte eigentliche Botschaft herauszubekommen. Deswegen muss man in einem Gespräch aufmerksam zuhören. Klinkt man sich aus, geht das Gespräch zwar weiter, aber vielleicht verpasst man dann etwas sehr Wichtiges.

Kürzlich wollte mein Freund Jim sich meinen Anhänger ausleihen. Er erzählte von seinem Sohn, der demnächst wieder hier in die Nähe ziehen wird, um hier seine Doktorarbeit zu schreiben. Jim freute sich, seinen Sohn wieder näher bei sich zu haben, und vor allem freute er sich darauf, mehr Zeit mit seinem Enkel verbringen zu können. Als er darüber sprach, kamen ihm fast die Tränen. Jim hat seine Großeltern nie kennengelernt. Sie starben, als er noch sehr klein war, und er hatte immer das Gefühl, um etwas betrogen worden zu sein. Als er jetzt von seinem Enkel sprach, fiel mir ein Gespräch ein, das wir vor Kurzem geführt hatten. Wir hatten überlegt, ob Jim für das Unternehmen mehr reisen könnte, und er hatte sehr ablehnend reagiert. Daran musste ich in diesem Moment denken. Als ich ihn darauf ansprach, gab er zu, dass die Zeit mit seinen Enkelkindern ihm wichtiger war, als das berufliche Reisen. Ich verstand, woher seine schroffe Reaktion gekommen war, und gemeinsam versuchten wir, seinen Zeitplan so zu verändern, dass die „Enkelzeit" noch mit hineinpasste und sich zusätzliche Reisen vermeiden ließen. Das meine ich mit dem Begriff „dynamisch".

Zweitens: Effektive Kommunikation ist ein *Prozess*. Sie lediglich als Ziel zu sehen, wird der Sache nicht gerecht. Über wichtige Dinge wird oft ganz nebenbei gesprochen. Sie würden nie zur Sprache kommen, wenn man das Gespräch von vornherein als festgelegte Ansammlung von Worten und Sätzen betrachtet, die einem schon das sagen werden, was man wissen muss. Weil effektive Kommunikation ein Prozess ist, braucht sie Zeit – so wie die Herstellung von Eiscreme. Man könnte auch einfach Eier, Zucker, Sahne und Aroma in eine eiskalte Schüssel werfen und diese Mischung trinken. Aber das wäre kein richtiges Eis. Echtes, leckeres Eis wird daraus nur, wenn man diese Zutaten einen bestimm-

Effektive Kommunikation ist ein dynamischer Entdeckungsprozess, der Energie und Spannung in eine Beziehung bringt.

ten Prozess durchlaufen lässt. Verkürzt man ihn, ruiniert man den köstlichen Nachtisch. Dasselbe gilt auch für effektive Kommunikation. Sie ist ein *Prozess*.

Drittens: Effektive Kommunikation führt zu *Entdeckungen*. Wir lernen Dinge, die wir vorher nicht gewusst haben und auch nie vermutet hätten. Echte Kommunikation entsteht nicht, wenn man gedanklich schon immer einen Schritt voraus ist und vorhersagen will, was der andere wohl als Nächstes sagen wird. Sie verebbt, wenn man so tut, als höre man zu, aber insgeheim schon nach der passenden Erwiderung sucht. Neues entdecke ich nur, wenn ich Augen und Ohren offen halte und versuche, in dem, was um mich herum vor sich geht, etwas zu sehen, was mir vorher unbekannt war.

So könnte man zum Beispiel zu jemandem sagen: „Ich möchte dich wirklich kennenlernen, möchte deine Gefühle verstehen." Man kann echtes Interesse daran zeigen, was im Leben eines Menschen gerade passiert, und an den Emotionen des oder der anderen.

Oft geschieht dann etwas sehr Interessantes. Wenn man Kommunikation vorrangig als dynamischen Entdeckungsprozess sieht und nicht nur als Weg zur Problemlösung, werden ganz nebenbei auch noch Probleme gelöst. Oft merkt man, dass diese Lösung dem anderen viel weniger wichtig ist als das Gefühl, verstanden und geliebt zu werden. Das allein beendet manchmal den Konflikt, ganz ohne eine „offizielle" Lösung. Kommunikation als *Entdeckungsprozess* zu sehen, hat spannende Auswirkungen.

Das Gefühl, in einem Gespräch verstanden und angenommen zu sein, ist meist wichtiger als die tatsächliche Lösung eines Problems.

Viertens und letztens: Effektive Kommunikation *bringt Energie und Spannung* in eine Beziehung. Das heißt, die Beziehung bleibt aufregend, erfüllend und gesund – und macht auch noch Spaß. Wenn wir lernen, auf „Herzniveau" zu kommunizieren, werden wir mehr darüber erfahren, wie Gott uns angelegt hat. Wir fühlen uns lebendiger. Das Leben ist faszinierend. Voller Energie wollen wir andere an unseren Erfahrungen teilhaben lassen. Wir sind voller Tatendrang und danken Gott dafür, dass er uns einen neuen Morgen erleben lässt.

Ein Freund von mir, Bob Burbee, war mir einmal ein gutes Beispiel für den „Entdeckungsfaktor" dieser Art von Kommunikation. Vor einigen Jahren überlegten er und seine Frau Mary Jo, ob sie noch mehr Kinder haben sollten. Damals hatten sie eine fünfjährige Tochter und einen dreijährigen Sohn.

Eines Tages fragte Mary Jo: „Wie wäre es mit einem dritten Kind?" Bob war der Meinung, die Familie sei perfekt. Mehr Kinder stellten für ihn eine Störung des Familienfriedens dar, und das wollte er nicht.

Mary Jo wollte aber gerne ein drittes Kind und ließ nicht locker. Das führte natürlich zu einem Konflikt, der über mehrere Monate anhielt.

In einem Urlaub kam dann der Durchbruch. Das Thema kam wieder zur Sprache, und Bob ging gleich in Abwehrhaltung. Aber dann dachte er: *Wieso höre ich Mary Jo nicht zu, als ob ich mit ihr zum allerersten Mal darüber sprechen würde?*

Als er seine eigene Meinung hintenanstellte, hörte Bob Dinge, die Mary Jo ihm wahrscheinlich auch vorher schon hatte vermitteln wollen. Sie beschrieb, was das Muttersein für sie bedeutete. Sie sprach über die Erfüllung und das Selbstwertgefühl, die sie aus der Liebe und Fürsorge für ihre Kinder zog. Für sie war die Mutterschaft eine göttliche Berufung, und sie wollte sie für mehr als zwei Kinder erfüllen.

Bob erzählte: „Es dämmerte mir, dass für sie das Muttersein etwas ganz anderes war als für mich das Vatersein. Ein guter Ehemann und Vater zu sein, ist wichtig für mich. Ich habe mich in dieser Rolle auch immer bemüht und viel Verantwortung übernommen. Allerdings ziehe ich aus meiner Vaterrolle nicht so viel Selbstwertgefühl wie Mary Jo aus ihrer Mutterrolle."

Jetzt verstand Bob, warum Mary Jo das Thema nicht fallen lassen konnte. Es gewann eine ganz neue Komplexität. Im Laufe des Gesprächs geschah aber noch etwas sehr Interessantes.

„Vielleicht waren meine Bemühungen, Mary Jo wirklich zu verstehen, für sie ein Ansporn, auch meine Gefühle zu verstehen", sagte Bob. „Ich hatte Angst, selbst zu kurz zu kommen, wenn wir noch mehr Kinder haben. Außerdem beschrieb ich die Folgen, die das auf unsere Finanzen und unseren Lebensstil haben würde. Wir hatten die Windelphase gerade hinter uns. Auf eine Wiederholung hatte ich eigentlich keine Lust."

Als der Urlaub zu Ende war, war noch keine Entscheidung in Sicht, aber die Beziehung von Bob und Mary Jo war ein ganzes Stück weitergekommen. Oberflächlich betrachtet hätte man meinen können, dass das Thema doch endlich abgeschlossen werden muss: entweder ein drittes Kind oder nicht. Ich hatte es bereits gesagt: Das offensichtliche Problem ist nicht immer das eigentliche Problem. Bob und Mary Jo entdeckten, dass der Versuch, zu einer Entscheidung zu kommen, den Konflikt nur verschärft hatte. Als sie nicht mehr bewusst nach einer Lösung suchten, sondern sich einfach darum bemühten, die Gefühle des anderen besser zu verstehen, kam ihre Beziehung gleich ein ganzes Stück voran.

Bob sagte: „Wir haben eine Lösung gefunden, aber nicht indem wir eine Entscheidung trafen, sondern indem wir zuließen, dass wir die Gefühle des anderen wirklich verstehen und uns davon beeinflussen lassen. So bekam das Thema eine neue, umfassendere Definition."

Bob und Mary Jo haben das Problem gelöst – wie, das erfahren Sie im nächsten Kapitel.

Komplex, nicht einfach

„Ich glaube, mit uns funktioniert es einfach nicht", sagt Cindy zu Fred. „Gestern wollte ich zum Griechen, und du hast mich zum Italiener geschleppt."

Fred ist schockiert: „Du willst mit mir Schluss machen, weil wir im falschen *Restaurant* waren?"

„Natürlich nicht", antwortet Cindy. „Aber verstehst du denn nicht? Du hast es schon wieder getan."

„Was habe ich schon wieder getan?"

„Du verstehst mich einfach nicht! Wie kann das mit uns funktionieren, wenn du nicht begreifst, worum es mir geht?"

„Aber ich habe dich doch gestern gefragt, wo du essen willst. Du hast gesagt, es sei dir egal."

„Das musst du doch nicht fragen. Das musst du wissen. Ich kann nicht mit jemandem zusammen sein, der nicht in der Lage ist, ganz klare Hinweise zu erkennen. Das war's mit uns."

Haben Sie so etwas oder etwas Ähnliches auch schon gehört? Vielleicht waren Sie auch nicht nur Zuhörer, sondern sogar Betroffener? Hier wird einer der häufigsten Gründe erkennbar, warum manche Menschen keine gesunden, positiven Beziehungen führen können. Sie glauben, dass effektive Kommunikation in einer Beziehung einfach und mühelos sein sollte. Das stimmt aber nicht. Effektive Kommunikation ist sehr komplex. Und sehr arbeitsintensiv dazu. Aber es lohnt sich!

Effektive Kommunikation gibt es nicht nebenbei. Sie erfordert Engagement und Bemühen.

Viele Menschen sind frustriert, wenn ein Missverständnis auftaucht. Oft werden wir sogar wütend, wenn der andere bewusst etwas Falsches getan oder uns absichtlich missverstanden hat.

Vor einigen Jahren war ich zu einem Vortrag eingeladen. Als ich in der Halle ankam, herrschte auf der Bühne ein einziges Chaos. Ich hatte alle Hände voll zu tun, um etwas Ordnung hineinzubringen. Irgendwann fiel mir eine Frau auf, die ganz allein herumsaß. Ich habe sie sehr höflich angesprochen, ihr die Situation erklärt und sie um Hilfe gebeten. Sie lächelte und nickte, und ich drehte mich wieder um und räumte weiter auf.

Nach einigen Minuten fiel mir auf, dass sie immer noch auf ihrem Platz saß. Das irritierte mich, und ich bat sie noch einmal um ihre Hilfe. Wieder lächelte sie und nickte … und blieb einfach sitzen.

Schließlich wurde ich ungeduldig und wollte gerade zu ihr gehen, da hörte ich sie etwas auf Spanisch sagen. Nicht im Traum hätte ich daran gedacht, dass wir verschiedene Sprachen sprechen!

Leider passieren im wirklichen Leben Missverständnisse, obwohl wir dieselbe Sprache sprechen. Wenn wir vergessen, dass effektive Kommunikation ein komplexer Prozess ist, der viel Arbeit und Mühe erfordert, werden wir leicht wütend und fragen uns, wie der oder die andere nur so stur sein kann.

Manchmal hilft es, wenn wir daran denken, dass wir – zumindest nach dem, was wir wissen – die einzigen Geschöpfe auf der Erde sind, die auf eine so ausgefeilte und komplizierte Weise miteinander kommunizieren, wie wir es tun. Kaum hören wir ein Wort oder einen Satz, schon wird ein erstaunlicher Prozess der Interpretation in Gang gesetzt. Die menschliche Sprache kann sehr ungenau sein. Ein Wort hat oft nicht nur eine einzige Bedeutung. Körpersprache und nonverbale Signale haben enorme Bedeutung, aber der größte Teil davon entgeht uns. Die Chance, dass wir uns falsch verstehen, ist enorm groß.

Effektive Kommunikation ist arbeitsintensiv.

Vielleicht sollten wir einfach zunächst einmal von der Annahme ausgehen, dass wir uns an irgendeiner Stelle wahrscheinlich missverstehen bzw. den anderen falsch interpretieren werden. Vielleicht sollten wir das sogar laut aussprechen: „Wahrscheinlich werde ich Dinge sagen, die du falsch auffassen, missverstehen oder falsch interpretieren wirst.“ Dadurch würden wir schon vorsichtiger und überlegter an die Sache herangehen.

Machen wir es noch ein bisschen persönlicher: Wenn wir etwas hören, was uns auf dem falschen Fuß erwischt, können wir natürlich mit der empörten Frage reagieren: „Wie kannst du nur so etwas sagen?“ Wir könnten aber auch sagen: „Ich habe Folgendes gehört, und ich glaube, du hast damit Folgendes gemeint. Bevor ich mich ärgere, will ich herausfinden, ob ich damit richtigliege.“ Lieber erst prüfen. Ärgern können wir uns immer noch.

Ich habe schon unzählige Situationen erlebt, in denen ich dem anderen böswillige Absichten unterstellt und entsprechend heftig reagiert habe – nur um später zu entdecken, dass es überhaupt nicht so gemeint gewesen war, wie ich es verstanden hatte. Ich habe den anderen völlig falsch verstanden und so unserer Beziehung geschadet.

In solchen Situationen hilft ein Vers aus der Bibel: „Die Gedanken eines Menschen sind unergründlich wie ein tiefer See, aber ein Menschenkenner durchschaut sie und bringt sie ans Licht.“[3] Dieser See ist oft wirklich *sehr* tief. Man muss vorsichtig und konsequent zu Werke gehen, will man ihn ergründen und seine Schätze zutage fördern.

Effektive Kommunikation ist wie Tiefseetauchen. Wenn man das rostende Wrack der Titanic ansehen will, das in fünf Kilometer Tiefe auf dem Grund des Atlantiks ruht, springt man auch nicht einfach ins Wasser und schwimmt drauflos. Da ist sorgfältige Vorbereitung wichtig. Man muss genau wissen, was man tut und welche Ausrüstung man braucht. Man muss genügend Zeit einkalkulieren für den Abstieg und noch mehr Zeit für den langsamen Aufstieg. Ohne ausreichende Vorkehrungen wird man außer kaltem Wasser (und vielleicht einem hungrigen Hai) nichts zu sehen bekommen.

Effektive Kommunikation ist eine komplexe Angelegenheit. Stürzen wir uns hinein und erwarten schnelle Ergebnisse ohne große Anstrengung, machen wir uns nur etwas vor. Es ist wichtig, dass wir unsere Erwartungen verändern, und zwar von „einfach" zu „komplex". Das gilt besonders für drei Bereiche:

1. Rechnen Sie damit, dass es Probleme und Missverständnisse geben wird. Selbst die besten Gesprächspartner verstehen manchmal andere falsch oder schaffen es nicht, sich selbst anderen verständlich zu machen. Wir sind alle nur Menschen. Wir setzen nicht immer das um, was wir eigentlich schon lange als richtig erkannt haben. Wir benutzen nicht immer die bewährten Techniken, die schon so oft funktioniert haben. Oft wissen wir ja nicht einmal, warum wir so fühlen oder handeln, wie wir es tun. Menschen, die effektiv kommunizieren, erwarten Probleme und Missverständnisse. Sie erwarten nicht, dass der See still und unbeweglich daliegt. Sie sind nicht überrascht, wenn ein kräftiger Wind aufkommt. Sie sind vielmehr auf den Sturm vorbereitet und kämpfen sich durch auf die andere Seite, auf der wieder die Sonne scheint.

2. Rechnen Sie damit, dass Sie viel Geduld brauchen werden. Effektive Kommunikation braucht Zeit. Wir werden nicht gleich beim ersten oder zweiten Versuch (vielleicht auch nicht beim dritten oder vierten) mit dem anderen dieselbe Wellenlänge finden. Ungeduld kann ein Hindernis auf dem Weg zum wirklichen Verstehen sein. Auch unnötige Eile ist effektiver Kommunikation abträglich, denn sie verhindert echte Anteilnahme, die aber unabdingbar ist. Wie kann man echtes Interesse an jemandem zeigen, wenn man ständig mit den Fingern auf die Tischplatte trommelt oder eigentlich schon die Hand am Türgriff hat?

Entspannen Sie lieber. Gehen Sie die Sache sorgfältig an. Effektive Kommunikation braucht viel Geduld und das bewusste Bemühen, nicht nur die Worte zu verstehen, sondern auch die Emotionen dahinter. Bis es so weit ist, muss man es langsam angehen lassen. Ist es aber geschafft, wird die Kommunikation einfacher und sehr viel effektiver.

3. Rechnen Sie mit dem Prinzip „Versuch und Irrtum". Menschen kommunizieren auf unterschiedliche Art und Weise. Jedem stehen wirksame Werkzeuge für effektive Kommunikation zur Verfügung, aber wir benutzen sie völlig unterschiedlich.[4] Am effektivsten ist es, wenn wir sie gemäß unserem Stil und unseren persönlichen Neigungen einsetzen – und das bedeutet Versuch und Irrtum.

Niemand gibt die Sache mit dem Führerschein auf, nur weil er sich unsicher fühlt, wenn er zum ersten Mal hinterm Steuer sitzt. Niemand beschränkt sich auf Schuhe mit Klettverschluss, nur weil es mit dem Schleifebinden nicht auf Anhieb klappt. Richtig gut wird man in einer Sache nur durch Versuch und Irrtum – und das ist bei der Fähigkeit, effektiv zu kommunizieren, nicht anders.

Effektive Kommunikation ist eine komplexe Angelegenheit. Sie wird gelingen, wenn man von der richtigen Position aus startet.

Sie können selbst den Anfang machen

Viele Menschen denken fälschlicherweise, dass die Elemente effektiver Kommunikation nur dann eingeübt werden können, wenn der andere mitmacht. Das stimmt nicht. Auch ohne die bewusste Mitarbeit oder das Verständnis des anderen können Sie effektive Kommunikation praktizieren. Es ist sogar so, dass Sie damit eine beträchtliche Veränderung erreichen können, und das liegt ganz allein bei Ihnen.

Wir können intensiv zuhören und ganz klar sagen, was wir empfinden, auch wenn unser Gegenüber nicht weiß, welche Werkzeuge wir gerade einsetzen. Wir können klar sprechen, sodass der andere uns besser versteht. Und wir können uns bemühen, die Gefühle hinter den Worten zu entdecken.

Wir können die Macht des Einzelnen ausüben. Wir können eine Beziehung positiv beeinflussen, auch wenn der andere nicht mitarbeitet. Wir können viel dazu beitragen, die Beziehung zu verändern, selbst wenn der Beitrag des anderen eher klein ist.

Aber dafür müssen wir uns bewegen und nicht auf der Stelle treten. Wir müssen Position beziehen und die vorgestellten Strategien umsetzen. Wir müssen anfangen, an einer stärkeren Beziehung zu bauen – *heute*.

Effektive Kommunikation spart Zeit

Vielleicht denken Sie jetzt: Das ist doch unglaublich zeitaufwendig, wenn ich bei allem, was ich höre, versuche, die Emotionen zu verstehen, die vielleicht dahinterstecken. Viel zeitaufwendiger als andere Kommunikationsmethoden. Aber das Gegenteil ist der Fall: Effektive Kommunikation *spart* jede Menge Zeit.

Das ist ja eigentlich auch logisch. Wenn man nicht immer und immer wieder über dieselben Themen sprechen muss, kann man die Zeit mit anderen Dingen verbringen. In der Beratung schrecken viele Männer vor dem Versuch zurück, nach den Emotionen hinter den Worten ihrer Frau zu suchen und sich darauf zu konzentrieren. Aber sobald sie erkannt haben, dass genau dieser Punkt dabei hilft, ein Thema zügig abzuschließen, lassen sie sich meist ganz darauf ein.

Beachten Sie das, meine Herren: *Effektive Kommunikation ist letztendlich effektiver und weniger zeitaufwendig als jede andere Methode.* Viele Männer sind frustriert von den immer wiederkehrenden Tiraden und Vorwürfen ihrer Frauen. Sie verstehen nicht, dass der Grund einzig darin liegt, dass die Frauen sich *emotional* nicht verstanden fühlen. Würden diese Männer sich die Zeit nehmen, die emotionalen Sorgen und Bedenken ihrer Frauen wahrzunehmen, würde sich das Gespräch weiterbewegen, und sie müssten sich nicht dieselbe Sache zum zehnten Mal aus dem sechsten Blickwinkel anhören. Wenn Männer das erst einmal verstanden haben, ist das für sie das reinste Aha-Erlebnis. Und meist sind sie ganz begeistert davon, dass sie tatsächlich die Fähigkeit besitzen, ein Gespräch auf das Wesentliche zu reduzieren. Erstaunt und begeistert fragen sie: „Das ist alles? Ich muss ihr einfach nur klarmachen, dass ich sie wirklich verstehe?“

Das ist alles. Klingt fantastisch, oder? Es mag für den Mann selbstsüchtig klingen, aber warum sollte man nicht Zeit sparen und Frustration abbauen, wenn es doch möglich ist?

Wenn die Frau in Ihrem Leben – Ehefrau, Freundin, Tochter oder Kollegin – immer wieder dasselbe sagt, dann glaubt sie mit an Sicherheit grenzender Wahrscheinlichkeit nicht, dass Sie sie wirklich verstehen. An diesem Punkt könnten Sie sagen: „Mir fällt auf, dass du ständig dasselbe sagst. Glaubst du, dass ich dich nicht richtig verstehe? Mache ich etwas falsch?“

Es ist erstaunlich, was passiert, wenn eine Frau sich emotional wirklich verstanden fühlt.

Es ist ganz erstaunlich, was passiert, wenn eine Frau sich emotional wirklich tief verstanden fühlt. Sie wird vielleicht sogar das Thema gar nicht mehr ansprechen, um das es so lange ging, denn sie hat keinen Grund mehr, noch länger darauf herumzureiten.

Niemand möchte sich länger als unbedingt nötig mit unangenehmen Themen auseinandersetzen. Wenn wir die Kommunikation abbrechen, müssen wir uns vielleicht nicht noch mehr Worte anhören (zumindest in diesem Moment nicht), aber wir werden uns mit anderen Dingen auseinandersetzen müssen: kalte Schulter, Distanz bzw. all das, was jemand zeigt, dessen Gefühle nicht beachtet werden.

Ganz sicher ist diese Art von Kommunikation keine einfache Methode. Sie ist wahrscheinlich anders als das, was wir bis jetzt ausprobiert haben. Auch hier gilt: Übung macht den Meister! Mit der Zeit wird sich die Effektivität einstellen. Zunächst fühlt man sich unwohl, aber mit der Zeit wird es zunehmend leichter. Für mich ist dies die rationellste Form der Kommunikation, die ich kenne.

Wir müssen also lernen, mit dem Herzen zu hören. Der Wunsch, ein Problem zu lösen, sollte erst einmal in den Hintergrund rücken. Natürlich muss man in der Lage sein, ein Problem zu lösen, aber auch das wird einfacher, wenn man die Emotionen versteht, die bei diesem Problem eine Rolle spielen. Also gilt: Zeit sparen! Effektiv werden! Die Emotionen hinter den Worten entdecken!

An erster Stelle Sicherheit … und an zweiter auch

Angenommen, Sie wollen in Ihrem Wohnzimmer einen Golfparcours nachbauen. Sie bereiten sich gründlich vor. Sie gehen auf den nächsten Golfplatz, beobachten die Spieler sehr genau, kaufen sich einschlägige Zeitschriften und ziehen Erkundigungen ein über Qualität und Preisunterschiede für Schläger und Bälle. Sie führen intensive Gespräche mit Leuten, die schon lange Golf spielen, und langsam nimmt die Sache Formen an. Irgendwann ist es so weit: Ihr Wohnzimmer ist zum Golfparcours geworden. Nichts fehlt. Sogar an die Sandgrube haben Sie gedacht. Der Caddy steht bereit. Es kann losgehen.

Sie sagen jetzt vielleicht: „Das ist doch völlig verrückt. Wer würde in einem geschlossenen Raum einen Golfball spielen? Die Gefahr ist doch viel zu groß, dass ein Fenster oder die kostbare antike Vase zu Bruch gehen."

Es ist alles eine Frage der richtigen Umgebung. Egal, wie gut Ausrüstung und Material sein mögen, Golf im Wohnzimmer wird immer mit Scherben enden.

Genauso ist es mit effektiver Kommunikation. Wir können die besten Werkzeuge zur Verfügung haben, können mit unserem Wissen auf dem neuesten Stand sein und die besten Vorsätze und wirksamsten Strategien haben – in der falschen Umgebung *wird das alles nichts nützen.*

Was ist denn die „richtige" Umgebung für effektive Kommunikation? Wir haben weiter oben schon über das Thema Sicherheit in Beziehungen geredet. Und es lohnt sich, es hier noch einmal aufzugreifen. In einer sicheren Umgebung muss niemand Angst davor haben, abgelehnt, bestraft oder angegriffen zu werden, weil er oder sie persönliche Überzeugungen und Gefühle äußert. In solch einer Umgebung kann von Herzen kommende Kommunikation wachsen und gedeihen.

Gefühle sind nicht dazu da, dass sie abgelehnt oder bewertet werden. Sicherheit entsteht durch die Botschaft: Du darfst fühlen, was du fühlst.

Wenn ich glaube, dass ich so fühlen darf, wie ich gerade fühle, ohne dass diese Gefühle be- und verurteilt werden, dann fühle ich mich gut aufgehoben. Verstanden und umsorgt. Das werde ich aber nicht empfinden, wenn mir jemand sagt, dass ich nicht so fühlen sollte, wie ich fühle, oder dass meine Gefühle dumm, falsch oder übertrieben sind. Ich fühle mich unwohl, abgelehnt und einfach nicht sicher.

Am Anfang effektiver Kommunikation steht deshalb die einfache und klare Verpflichtung zur Sicherheit. Natürlich kann man sich auf einige Grundregeln verständigen und eine gute Kommunikationsstrategie erlernen und so eine sichere Umgebung schaffen. Aber an erster Stelle steht die Verpflichtung zur Sicherheit. Machen Sie die Sicherheit zu Ihrem vorrangigsten Anliegen – und Sie werden sehen, wie Nähe und Verbundenheit wachsen.

Aber das ist erst der Anfang. Diese Art der Kommunikation *schafft* auch ein größeres Maß an Sicherheit. Wenn wir mit dem Herzen hören und dem anderen vermitteln, dass wir ihn verstehen und dass er uns wichtig ist, wird diese Person sich zunehmend sicher fühlen. Je mehr Sicherheit in unseren Beziehungen herrscht, desto mehr Offenheit wird herrschen und desto enger werden wir uns einander verbunden fühlen. Wenn sich jemand sicher fühlt, wird er oder sie auch zunehmend bereit sein, selbst an der Gestaltung der Beziehung mitzuwirken.

Anders gesagt: Ein geschütztes Umfeld erleichtert effektive Kommunikation, und effektive Kommunikation schafft mehr Sicherheit. Beides spielt sich gegenseitig in die Hand – zum Wohl und Nutzen Ihrer Beziehung.

Wer hat Schuld?

Noch ein letzter Punkt. Viele Menschen „verpassen" den anderen ein Leben lang, weil sie sich nicht aus dem festen Griff eines tödlichen Mythos befreien können.

Eine Quizfrage: Wenn Sie mit jemandem einen Konflikt haben, wie oft tauchen dabei folgende Fragen auf?

- Wer hat recht? Wer hat unrecht?
- Wer ist schuld an diesem Chaos?

- Was ist eigentlich passiert?
- Wie können wir das Problem lösen?

Neunzig Prozent der Leute, die zu uns in die Beratung kommen, fangen mit genau diesen Fragen an. Sie glauben wirklich, wenn die Fragen „Wer hat recht?" und „Was ist eigentlich passiert?" geklärt sind, würde der Weg frei zu effektiver Kommunikation. Sie glauben, dass durch diese Vorgehensweise die Beziehung besser wird.

Das passiert allerdings nur in den seltensten Fällen.

Wenn wir vor allem herausfinden wollen, wer recht hat oder wer schuld ist, landen wir schnell in einer Sackgasse. Am Anfang müssen immer Emotionen und Gefühle stehen, denn sonst werden wir keinen Schritt weiterkommen. Die Frage nach Recht und Unrecht führt nur zu Machtkämpfen und neuen Verletzungen.

Wenn Menschen das Gefühl haben, dass ihre Emotionen gehört und verstanden werden, entspannen sie sich und glauben, dass man sich wirklich für sie interessiert. Irgendwann werden sie dann auch in der Lage sein, die Frage nach Recht und Unrecht zu klären oder herauszufinden, was eigentlich passiert ist, um so zu einer Lösung zu kommen. Aber es ist schwer, sich auf den anderen einzulassen und sich zu entspannen, wenn man nicht das Gefühl hat, dass die eigenen Gefühle ernst genommen und verstanden werden.

Das Ziel effektiver Kommunikation ist echtes Verstehen.

Paulus dachte an gesunde Beziehungen, als er schrieb: „Deshalb wollen wir uns nicht länger gegenseitig verurteilen. Keiner soll durch sein Verhalten den andern in Gewissensnot bringen oder in seinem Glauben verunsichern."[5] Anstatt vorschnell zu urteilen oder jemanden mit dem Rücken zur Wand zu drängen, rät Paulus: „Wir wollen also alles daransetzen, dass wir in Frieden miteinander leben und uns gegenseitig weiterhelfen."[6]

In der Kommunikation geht es darum, zu verstehen – nicht darum, zu entscheiden, wer recht hat.

Was ist der beste Weg zum Frieden? Was stärkt uns so wie nichts anderes sonst? Das Wissen, dass uns jemand wirklich zuhört und uns tief versteht. Das ist das Ziel, das wir anstreben. Das ist der Schatz, den wir suchen.

Und es wird noch besser

Zurück zu meinem Freund Bob, der mit seiner Frau flirten wollte, aber nicht die erwünschte Reaktion erhielt. Er wollte diesen Schatz unbedingt heben. Er sehnte sich nach dem Gold wirklichen Verstehens. Und dafür hat er Folgendes getan.

Er hat eine Liste erstellt mit all den Dingen, die mit Sicherheit funktionieren würden – Dingen, die Jenni vermitteln: Ich werde wirklich geliebt. Bob erzählte: „Auf der Liste waren Dinge, die mir aufgefallen waren oder die Jenni mir gesagt hatte. Ich habe noch eine zweite Liste geschrieben, die war etwa genauso lang wie die erste. Darauf waren die Dinge, die sie nicht mag. Ich wusste: Wenn ich aufhöre, die Dinge auf der zweiten Liste zu tun, wird Jenni sich geliebt fühlen. Ich habe dann angefangen, die Dinge auf der ersten Liste zu tun, und natürlich ist mit der Zeit der Effekt eingetreten, den ich mir erhofft hatte: Jenni fühlte sich geliebt."

Aber es kam noch besser. „Heute fühlt Jenni sich wirklich geliebt. Wir streiten kaum noch. Wir haben gelernt, mit Differenzen gut umzugehen, und wir vertrauen einander. Heute hat sich viel verändert. Ich würde diese Beziehung für nichts in der Welt aufgeben. Ich möchte auch nie wieder an den Anfang zurück. Mehr als zwanzig Jahre habe ich gebraucht, um dorthin zu kommen, wo ich heute bin, und das möchte ich für den Rest meines Lebens genießen."

Möchten Sie auch Ihre Beziehungen zu anderen für den Rest Ihres Lebens genießen? Möchten Sie, dass es auch langfristig so schön bleibt? Das können Sie schaffen! Wenn Sie sich für die Kunst der effektiven Kommunikation entscheiden, können Sie den Menschen, die Sie lieben, Ihre Liebe auch richtig vermitteln. Und eine auf Liebe angelegte Beziehung wird wachsen!

Im nächsten Kapitel wird es darum gehen, wie man eine Streitkultur schaffen kann, bei der es keine Verlierer mehr gibt.

Das Leben dreht sich um Beziehungen; alles andere sind Nebensächlichkeiten.

3-Minuten-Check: Emotionale Kommunikation – Lernen Sie, mit dem Herzen zu hören

1. **Achten Sie auf die Gefühle hinter den Worten.** Normalerweise fühlen Menschen sich eher verstanden, geborgen und mit dem anderen verbunden, wenn sich die Kommunikation auf ihre Emotionen und Gefühle konzentriert anstatt auf Worte oder Gedanken.

2. **Die eigentliche Botschaft liegt oft in den Emotionen hinter den Worten.** Wenn wir selbst mit dem Herzen hören und versuchen, das Herz des anderen zu verstehen, zeigen wir damit, dass der andere uns „am Herzen liegt".

3. **Lassen Sie zu, dass die Gefühle des anderen Sie berühren.** Menschen fühlen sich geliebt, wenn sie wissen, dass ihre Gefühle wirklich verstanden werden.

4. **Effektive Kommunikation ist ein dynamischer Entdeckungsprozess,** der einer Beziehung zu einem Energieschub verhilft. Wenn Kommunikation als dynamischer Entdeckungsprozess und nicht als Problemlösungsmethode gesehen wird, löst sich oft das Problem ganz nebenbei.

5. **Effektive Kommunikation beginnt mit Sicherheit.** Wenn man zuhört, anstatt zu urteilen oder zu korrigieren, schafft man damit eine geschützte Umgebung, in der Verständnis wächst.

6. **In der Kommunikation geht es darum, zu verstehen, nicht darum, zu entscheiden, wer recht hat.** Ihre Beziehungen werden gelingen, wenn die Priorität darauf liegt, den anderen zu verstehen.

Kapitel 8

Teamwork: Führen Sie eine Streitkultur ein, bei der es keine Verlierer gibt

Vor einigen Jahren hatte Bob Paul eine hitzige Diskussion mit seinem Sohn Chris. Bob war das diskutierte Thema sehr wichtig, und er setzte seinem Sohn ziemlich zu. Chris war nicht einer Meinung mit seinem Vater und hatte sich eigentlich schon aus dem Gespräch ausgeklinkt. Jede weitere Diskussion war reine Zeitverschwendung, aber Bob ließ nicht locker. Er sagte: „Chris, wenn du das nicht verstehst, dann wirst du dir echte Schwierigkeiten einhandeln."

Wie sehr Bob auch seine Bedenken erklärte, Chris verstand ihn nicht. „Mir war nicht klar, dass Chris mich absichtlich falsch verstand", sagte Bob. „Ich brachte meine ganze Überzeugungskraft auf, stellte die Sache aus verschiedenen Blickwinkeln dar – aber er wich mir immer wieder aus. Also versuchte ich es mit einer anderen Perspektive – ebenso erfolglos. Das ging eineinhalb Stunden so weiter. Ich konnte einfach nicht verstehen, warum wir in der Sache nicht vorankamen."

Irgendwann hatte Bob den Widerstand seines Sohnes gebrochen. Chris verstand ihn. Darüber war Bob so erleichtert, dass er sich auf sein Bett fallen ließ, an die Decke starrte und ein Dankgebet sprach. Selbst aus dieser Position konnte er sehen, wie sein Sohn wie ein begossener Pudel dastand und schließlich mit gesenktem Kopf das Zimmer verließ. Bob dachte nur: *Darüber wird er schon wegkommen. Wenigstens hat er aber verstanden, worum es mir geht.*

Ungefähr zwanzig Minuten später ging Bob ins Wohnzimmer und sah Chris am Esstisch sitzen, den Kopf auf die Arme gelegt. Er machte einen völlig niedergeschlagenen Eindruck.

„In diesem Moment", erzählte Bob, „fühlte ich mich irgendwie schuldig. Und mir kam ein Gedanke, auf den ich vorher noch nie gekommen war. Und er machte Sinn."

Er ging zu seinem Sohn, setzte sich zu ihm an den Tisch und fragte: „Wer, denkst du, hat bei unserem Gespräch ‚gewonnen'?"

Chris dachte einen Moment nach und antwortete: „Eigentlich keiner von uns. Aber wenn es einen Sieger gibt, dann bist du es."

Bob schüttelte den Kopf und erwiderte: „Wenn das wirklich so ist, dann habe ich verloren."

Chris schaute seinen Vater verständnislos an, als wollte er sagen: „Was meinst du damit, du hättest verloren? Du bist irgendwie komisch."

Damals spielte Chris zusammen mit seinem Freund Chuckie Baseball in einer Jugendliga. Das nahm Bob als Beispiel: „Wenn du und Chuckie Baseball spielt, gibt es dann Momente, in denen du gewinnst und Chuckie verliert?"

„Nein."

„Wie ist es umgekehrt? Gibt es Momente, in denen Chuckie gewinnt und du verlierst?"

„Nein."

„Wieso nicht?"

„Mann, Papa", sagte Chris entnervt, „wir spielen im *selben Team.*"

„Genau", antwortete Bob. „Du und ich, wir sind auch im gleichen Team. Ich bin nicht dein Feind; ich bin dein Teamkollege. Wenn unser Gespräch bei dir den Eindruck hinterlassen hat, du hättest verloren, dann habe ich auch verloren. Es sollte eher so sein, dass wir beide gewinnen."

Raus aus der Machtkampf-Falle

Kommt Ihnen dieser Machtkampf zwischen Bob und Chris bekannt vor? Kennen Sie ihn aus der eigenen Familie oder dem Bekanntenkreis? Haben Sie häufig das Gefühl, dass es in Beziehungen um Gewinnen oder Verlieren geht?

Machtkämpfe können sehr zerstörerisch sein. Denn in jedem Machtkampf werden Menschen umgehend zu Gegnern. Sie nehmen gegensätzliche Positionen ein und versuchen, den anderen zu zerschmettern.

Wenn wir also wissen, dass Machtkämpfe so viel Schaden anrichten können, warum lassen wir uns immer wieder so schnell auf sie ein? Warum werden wir Gegner statt Partner? Ich glaube, auch hier spielt wieder die Angst eine Rolle. Es ist nur natürlich, dass wir uns von jemandem bedroht fühlen, der mit uns nicht einer Meinung ist. Konflikte werden immer als Bedrohung empfunden. Wir sind natürlich der Meinung, dass unser Standpunkt „richtig“ oder „besser“ ist. Wäre es nicht so, würden wir ja unsere Meinung ändern. Wenn uns also andere zu verstehen geben, dass unser Weg nicht der richtige oder bessere ist, haben wir Angst, dass sie uns letztendlich zu einem Standpunkt bringen werden, den wir nicht einnehmen wollen. Wir bemühen uns nach Kräften, unseren Standpunkt klarzumachen. Wir wollen den anderen dazu bringen, die Dinge aus unserer Perspektive zu sehen – und damit zuzugeben, dass er falschliegt.

Sobald wir jedoch zu Gegnern geworden sind, steht das Ergebnis schon fest. Wir müssen eigentlich gar nicht mehr weitermachen. Wir haben bereits verloren. Wenn man im selben Team ist, dann gibt es keine Gewinner oder Verlierer. Es gibt nur zwei Möglichkeiten: Entweder beide gewinnen, oder beide verlieren.

Eine Strategie, bei der niemand verliert

Nach dem Gespräch mit seinem Sohn begann Bob, über die Beziehungen in seinem Leben nachzudenken. Er führte sich die Dynamik seines Gesprächs mit Chris vor Augen, und dann stellte er sich seine Ehe vor Augen. Dabei wurde ihm klar, dass er in fast jeder Diskussion seine Frau als Gegner betrachtete.

„Egal, wie solch ein Gespräch ausging, ich fühlte mich immer frustriert. Jeder kennt das Gefühl: Man hat gewonnen, empfindet aber keinerlei Siegerfreude. Das Ganze hat einen schalen Geschmack. In diesem Moment habe ich mich entschlossen, dieser Situation ein Ende zu machen. Ich war es einfach leid, in meinen Beziehungen zu versagen. Ich wollte endlich auch in Beziehungen effektiver werden. Ich hatte die Wahl, und ich entschloss mich, diesen Wahnsinn zu beenden.“

Bob wollte das alte Modell aufgeben, das versagt hatte, und stattdessen einen neuen Weg einschlagen. Gemeinsam mit seiner Frau entwickelte er eine Strategie, bei der es keine Verlierer mehr gab. Sie einigten sich darauf, dass in Zukunft niemand mehr mit dem Gefühl aus einer Diskussion gehen sollte, dass er oder sie verloren hätte. Jeder sollte zufrieden sein können mit dem, was geschehen war. Das war ihr neues Ziel. Jeder sollte hinter einer gemeinsam getroffenen Entscheidung stehen können.

Solch eine Vereinbarung verbessert jede Beziehung umgehend. Es ist kein Wunder, dass der bekannte Motivationstrainer Zig Ziglar einmal sagte: „Viele Ehen würden besser laufen, wenn die Partner verstehen würden, dass sie auf derselben Seite stehen.“

Im letzten Kapitel ging es um einen Konflikt zwischen Bob Burbee und seiner Frau Mary Jo über die Frage, ob die Familie noch größer werden sollte oder nicht. Mary Jo wollte gerne noch mehr Kinder, Bob hatte Sorge, dass er für eine größere Familie nicht würde sorgen können. Der Streit dauerte eine ganze Weile. Schließlich schafften sie es aber, dem anderen die eigene Position und die Gefühle dahinter verständlich zu machen. Sie verpflichteten sich dazu, sich so zu verhalten, dass der andere sich nicht als Verlierer fühlte. Was geschah dann?

Bob erzählte: „Interessanterweise wurde uns diese Entscheidung abgenommen. Kurz nach dem Urlaub merkten wir, dass Mary Jo schwanger war – trotz Verhütung.“

Hatte also Mary Jo gewonnen und Bob verloren? Diese Frage wird Bob oft gestellt, und er antwortet immer gleich: „Meine Antwort hat zu tun mit dem Gespräch, das wir in diesem Urlaub geführt haben. Wir haben einander zugehört und versucht, den anderen ganz neu zu verstehen. Ohne diesen neuen, erweiterten Blick, was das Muttersein für Mary Jo bedeutet, hätte ich die Nachricht über eine erneute Schwangerschaft sicher nicht gut verkraftet. Diese neue Perspektive hat auch nicht alle meine Ängste und Bedenken ausgeräumt, aber ich konnte die Schwangerschaft akzeptieren und mich ehrlich mit Mary Jo mitfreuen. Ich habe dieses dritte Kind, Allison, so genossen, dass der Vorschlag, noch ein viertes zu bekommen, sogar von mir kam. Achtzehn Monate nach Allison kam Travis zur Welt, und ich könnte mir ein Leben ohne diese beiden nicht mehr vorstellen."

Was hat das nun zu tun mit einer Strategie der Kommunikation ohne Verlierer? Bob erklärte: „Wir sind auch weiter im Gespräch geblieben, weil wir uns bewusst dafür entschieden hatten, so lange an dem Thema zu arbeiten, bis beide mit dem Ergebnis zufrieden sein konnten. Mary Jo verpflichtete sich, mich nicht auszutricksen, während ich mir vornahm, sie nicht als Verliererin dastehen zu lassen. Es hat eine Weile gedauert, aber die Grundentscheidung, dass es keine Verlierer geben soll, hat bewirkt, dass wir so lange weiterredeten, bis wir zu dem gegenseitigen Verständnis kamen, das für uns so dringend nötig war." Den Rest hat dann Gott übernommen.

Wenn Sie erst einmal diese Strategie etabliert haben, die keine Verlierer mehr zulässt, geraten die Dinge oft sehr schnell, manchmal sogar dramatisch in Bewegung. Auch wenn sich zunächst nur einer der Beteiligten darauf einlässt. Das erinnert uns wieder an die Macht des Einzelnen. Hat der andere erkannt, dass ich seine oder ihre Gefühle und Bedürfnisse berücksichtigen *werde*, stellen ebendiese Gefühle und Bedürfnisse keinen Grund zur Sorge mehr dar. Eine Strategie, bei der beide gewinnen, ist der beste Impfstoff gegen die Sorge, zu kurz zu kommen.

Nur kurze Zeit, nachdem diese „Es-gibt-nur-Gewinner"-Strategie eingeführt wird, wird sie fast automatisch immer häufiger auch angewendet. Niemand muss mehr sagen: „Das wäre jetzt der Zeitpunkt für unsere neue Strategie." Sie wird zu einer Konstanten. Sie steht nicht mehr zur Verhandlung. Entweder beide gewinnen, oder beide verlieren. Ende der Diskussion!

Sind damit alle Konflikte in einer Beziehung automatisch beendet? Wird es keine Verletzungen mehr geben? Wird keine Beziehung mehr zerbrechen? Das wäre schön, aber auch Bob Paul muss zugeben, dass es nicht immer so ist.

„Ich würde nicht behaupten, dass ich in einer Beziehung den anderen nie mehr als Gegner betrachte. Das kommt noch vor – und gar nicht einmal so selten. Aber es ist nicht gut. Ich kann das nicht länger akzeptieren."

Solch eine Strategie in einer Beziehung zu etablieren ist ein „Langzeitprojekt". Es braucht Zeit, bis Beziehungen so sind, dass sie Freude und Erfüllung bringen statt Ärger und Frust. Bob und Jenni haben sich auf den Weg gemacht, ebenso Bob und Mary Jo. Auch bei Ihnen kann diese Strategie funktionieren, egal, in welchem Zustand die Beziehung ist, auf die Sie sie anwenden wollen.

Eine andere Definition von Gewinnen

Damit dieser neue Tanzschritt funktioniert, mit dem wir aus dem Rhythmus der Angst aussteigen, müssen wir das Wort „Gewinnen" neu definieren. Wenn Gewinnen für uns heißt, dass wir unseren Willen durchsetzen müssen, verharren wir in dem alten Muster und werden die Klippen unserer Beziehungen nicht sicher umschiffen können.

An diesem Punkt zögern viele, denn immer noch sind wir davon überzeugt, dass wir am besten wissen, wie man den gerade anstehenden Konflikt löst. Unsere Wahrnehmung einer schwierigen Situation scheint uns immer noch die beste aller Möglichkeiten zu sein. Gott weiß um diese Schwäche, deswegen ruft er uns auch zur Demut auf. Er bittet uns einzugestehen, dass wir wahrlich nicht die Weisheit mit Löffeln gefressen haben. Die Bibel erinnert uns: „Manch einer wähnt sich auf dem richtigen Weg – und läuft geradewegs in den Tod."[1] Indem wir auf unserem Weg bestehen, versetzen wir oft gerade den Beziehungen den Todesstoß, die uns am wichtigsten sind.

Bedenken wir also immer die Möglichkeit, dass ein bestimmtes Handeln uns zwar richtig erscheinen mag, dass es aber vielleicht nicht die beste Alternative ist. Und mit Sicherheit ist es nicht die einzige. Daher dürfen wir nicht auf einem einzigen Standpunkt beharren (unserem) oder stur nur einem Weg folgen (unserem). Jeder möchte gewinnen. Aber vielleicht geht es beim Gewinnen gar nicht darum, den eigenen Kopf durchzusetzen.

Vergessen wir nicht, dass wir zu einem Team gehören. So lautet also die neue Definition von Gewinnen: *Eine Lösung finden und umsetzen, mit der sich beide Seiten wohlfühlen können.* Eine Lösung, bei der alle gewinnen, ist weit mehr als ein Angriffsplan, der von beiden Seiten nur gerade so akzeptiert oder toleriert werden kann. Das ist ein Kompromiss, und mit Kompromissen kann kaum jemand gut leben.

„Ein Kompromiss ist ein Handel, bei dem zwei Parteien das bekommen, was eigentlich keiner wollte", so eine anonyme Definition. „Ein Kompromiss ist die Kunst, einen Kuchen so aufzuteilen, dass jeder glaubt, er hätte das größte Stück bekommen", erklärt eine andere Version.[2] Kompromisse hinterlassen immer einen schlechten Geschmack und sind daher selten, wenn überhaupt, eine Antwort auf einen Konflikt. Zusammenarbeit funktioniert. Kompromisse und Kapitulation funktionieren nicht.

Gewinnen heißt: eine Lösung finden, mit der sich beide Seiten wohlfühlen.

Eine Lösung, mit der beide Seiten als Sieger hervorgehen, gibt der Beziehung einen positiven Schub. Sie ist besser, als sie es vorher war. Man hat sich aufgemacht und ist an einem Ort angelangt, der schöner und angenehmer ist als der Ausgangspunkt. Wie schafft man das? Das kann ganz unterschiedlich sein.

Bob Paul sagte: „Manchmal tun wir am Ende doch genau das, was Jenni ursprünglich wollte. Aber dann gefällt es mir auch. Ich empfinde das nicht als Niederlage. Manchmal ist es auch genau andersherum, und wir tun das, was ich eigentlich vorhatte. Aber auch dann ist es so, dass Jenni sich damit wohlfühlt und sich nicht als Verliererin sieht."

Durch die Verpflichtung zu einer Strategie, die keine Verlierer mehr zulässt, entstehen oft für beide Seiten völlig überraschende Lösungen, die so niemand geplant oder vorhergesehen hatte.

Bob und Jenni geht es häufig so. „Manchmal kommen wir zu einer kreativen Lösung, an die keiner von uns zu Anfang überhaupt gedacht hatte. Zu anderen Zeiten verhandeln wir hartnäckig und basteln eine Lösung zusammen, die von jedem ein bisschen enthält. Das Ziel aber bleibt dasselbe: Beide Seiten sollen sich mit der Entscheidung wohlfühlen. Der Weg dorthin spielt keine Rolle."

Hat diese neue Definition von „Gewinnen" das Familienleben verändert? „Es hat sich sogar sehr viel verändert", sagt Bob. „Unsere Beziehung hat einen positiven Schub bekommen. Unser Zuhause ist jetzt ein sicherer Ort. Keiner muss sich mehr Sorgen machen, dass er zu irgendetwas gedrängt wird, was er eigentlich nicht will."

Wenn gewinnen bedeutet, eine Lösung zu finden und umzusetzen, mit der beide zufrieden sein können, trägt das enorm zur Entspannung bei. Warum? Weil niemand mehr befürchten muss, dass der andere eine Lösung akzeptiert, mit der er oder sie sich im Grunde nicht wohlfühlt.

„Es gibt Zeiten, da bin ich so konzentriert auf das, was ich will, dass ich Jenni einfach überrenne", gibt Bob zu. „Irgendwann gibt sie dann auf. Aber es trifft mich, wenn sie sagt: ‚Gut, dann mach es doch so, wie du willst.' Meist ist sie einfach zu erschöpft, um sich noch weiter mit mir auseinanderzusetzen. Ich merke: Das ist nicht in Ordnung. Und was noch viel wichtiger ist: Mir wird klar, dass ich das so eigentlich nicht will. Ich schlage dann vor, weiter an dem Thema dranzubleiben, bis wir eine Lösung gefunden haben, die für uns beide stimmig ist."

Ist Bob in dieser Situation einfach nur freundlich oder altruistisch? Wohl kaum. Ihm ist klar: Nur so kann er gewinnen. Er gehört zu einem Team, und das heißt: Sieg oder Niederlage betreffen jeden gleichermaßen.

Zusammenarbeiten

Auch wenn die Bibel sich nicht zum Thema Mannschaftssport äußert, so hat sie doch eine Menge zu sagen, wenn es darum geht, als Team auf ein gemeinsames Ziel hinzuarbeiten. Die Bibel verwendet allerdings ein anderes Bild. Sie spricht nicht von einem Team, sondern verwendet das Bild von einem Leib. Paulus schreibt: „Unser Leib soll eine Einheit sein, in der jeder einzelne Körperteil für den anderen da ist. Leidet ein Teil des Körpers, so leiden alle anderen mit, und wird ein Teil geehrt, freuen sich auch alle anderen."[3]

Angenommen, unser Körper würde nach einem System funktionieren, in dem es Gewinner und Verlierer gibt. Welche Folgen hätte das? Herz und Nieren streiten sich heftig darüber, wer eine konstante Blutversorgung am dringendsten braucht. Der Sieger bekommt alles.

„Ich pumpe immerhin das Blut durch den ganzen Körper", erklärt das Herz. „Ohne mich stirbt jedes Organ – dich eingeschlossen."

„Mag ja sein“, erwidert die Niere, „aber wenn ich das Blut nicht behandle, dann erreichst du mit deinem ständigen Gepumpe nur, dass der Körper vergiftet wird. Wer wird dann wohl sterben?“

Idiotisch? Natürlich ist das idiotisch. Spielt es wirklich eine Rolle, wer aus dieser Debatte als Sieger hervorgeht? Sowohl Herz als auch Nieren leben als Teil eines einzigen Körpers. Was den einen betrifft, betrifft den anderen auch. Das Herz kann nicht auf Kosten der Nieren „gewinnen“ und umgekehrt ebenso wenig. Sie *müssen* zu einer Lösung finden, bei der beide gewinnen, denn alles andere bedeutet Niederlage.

In einer Beziehung gibt es keine Lösung, bei der einer der Sieger und einer der Verlierer ist. Entweder gewinnen beide, oder beide verlieren. Eine andere Möglichkeit gibt es nicht.

Paulus hat sich sehr bemüht, den jungen Gemeinden dieses grundlegende Prinzip verständlich zu machen. An vielen Stellen ruft er seine Leser dazu auf, zusammenzuarbeiten, um Lösungen zu finden, von denen jeder profitieren kann. Einer Gemeinde sagte er: „Weder Eigennutz noch Streben nach Ehre sollen euer Handeln bestimmen. Im Gegenteil, seid bescheiden, und achtet den anderen mehr als euch selbst. Denkt nicht an euren eigenen Vorteil, sondern habt das Wohl der anderen im Auge.“[4]

In einer gesunden Beziehung gewinnen immer beide.

Dieser Rat steht für eine *Strategie,* die keine Verlierer zulässt. Wenn wir uns in allen wichtigen Beziehungen auf eine solche Strategie der Kooperation verpflichten, haben wir bereits den Weg zum Erfolg eingeschlagen. Mit anderen Worten: Wir werden alle gewinnen!

Unterschiedliche Beziehungen erfordern unterschiedliche Dynamik

Diese Strategie, bei der niemand verliert, lässt sich auf alle Arten von Beziehungen anwenden. Aber die Art und Weise, wie sie angewendet wird, variiert. Das liegt daran, dass unterschiedliche Beziehungen – Mann-Frau, Eltern-Kind, Chef-Angestellter, Lehrer-Schüler, Freund-

Freundin – unterschiedliche Ausgangspunkte und unterschiedliche Grundregeln haben.

Nehmen wir einmal die Ehe. Sie ist die engste Beziehung zwischen zwei Menschen. In einer Ehe kommen ein Mann und eine Frau vor Gott zusammen und versprechen in einer bindenden Liebeserklärung, das einzugehen, was die Bibel „Bund“ nennt. Die Bibel sieht die Ehepartner als „eins mit Leib und Seele“.[5] Jesus sagt ausdrücklich: „Sie sind also eins und nicht länger zwei voneinander getrennte Menschen.“[6] Im Fall der Ehe können wir die Strategie ohne Verlierer ganz buchstäblich anwenden. Geht aus einer Situation einer von beiden als Verlierer hervor, wird die Beziehung leiden. Da sie nicht länger zwei Menschen sind, sondern in der Ehe eins, *müssen* sie eine Lösung finden, die beide gewinnen lässt. Wenn Ehepartner eine erfolgreiche Beziehung führen wollen, haben sie gar keine andere Möglichkeit.

Bei anderen Beziehungen ist die Lage jedoch etwas anders, denn hier kommt der Gedanke des „Einswerdens“ nicht ins Spiel. Aber in *jeder* Art von Beziehung kann es erklärtes Ziel sein, dass beide Seiten sich mit einer Entscheidung oder einer Vorgehensweise wohlfühlen, auch wenn dieses Ziel nicht immer erreicht wird. Seine bloße Existenz wird dafür sorgen, dass die Beziehung vorankommt.

Nehmen wir die Eltern-Kind-Beziehung. Die Eltern haben eine Autorität, die das Kind nicht hat. Daher werden die Eltern Entscheidungen treffen, die das Kind nicht gut findet. Was geschieht, wenn ein Sohn weiß, dass sein Vater die Beziehung als Team sieht und dass er keinen Verlierer zulassen wird? Was geschieht, wenn eine Tochter weiß, dass ihrer Mutter sehr viel daran gelegen ist, eine Lösung zu finden, mit der sich beide wohlfühlen können? Was geschieht, wenn Kinder von ihren Eltern hören: „Du sollst wissen, dass ich mir sehr viel Mühe geben werde, um zu einer Lösung zu kommen, mit der du gut leben kannst. Ich werde nicht zufrieden sein, wenn du dich nicht wohlfühlst.“?

Ich kenne einen Vater, der in einer Diskussion manchmal zu seinen Kindern sagt: „Ich weiß, du magst diese Idee. Aber als Vater, der es gut mit dir meint, muss ich dir sagen, dass ich mich damit nicht wohlfühle. Ich bin besorgt und kann nicht guten Gewissens zustimmen. Vielleicht finden wir eine andere Lösung. Wir werden so lange an dem Thema dranbleiben, bis mit der Entscheidung alle zufrieden sein können." Manchmal gelingt das nicht, und dann muss mein Freund sagen: „Es tut mir leid, aber momentan scheinen wir zu keiner Lösung finden zu können. Deswegen muss ich jetzt eine Entscheidung treffen, auch wenn sie euch vielleicht nicht gefällt." Auf Kinder hat es einen unglaublich positiven Effekt, wenn sie wissen, dass ihr Vater sich wirklich bemüht, in der Familie eine Strategie umzusetzen, bei der es keine Verlierer gibt!

Dasselbe gilt auch am Arbeitsplatz. Wenn ich weiß, dass mein Vorgesetzter sich wirklich bemüht, Entscheidungen zu treffen, mit denen ich auch leben kann, entspanne ich mich und gebe mein Bestes. Natürlich muss ein Vorgesetzter auch schwierige oder unpopuläre Entscheidungen zum Wohle des Unternehmens treffen. Aber selbst dabei kann diese Strategie ohne Verlierer zum Zuge kommen. Wird sie konsequent verfolgt, vermitteln selbst Kündigungen, dass der Vorgesetzte alles getan hat, um die Situation erträglich zu machen.

Auch in Beziehungen, die nicht die Autoritätsstruktur haben, die in einer Familie oder am Arbeitsplatz vorkommt, kann die Strategie ohne Verlierer Anwendung finden. Man kann auch in Freundschaften, mit Nachbarn oder Gemeindemitarbeitern so zusammenarbeiten, dass es keine Verlierer gibt. Wenn der andere merkt, dass einem an Lösungen gelegen ist, mit denen beide Seiten zufrieden sind, verziehen sich die Wolken, und die Sonne kommt wieder zum Vorschein – selbst wenn die Entscheidung dann doch für einen oder für beide eine Enttäuschung ist.

Die Strategie, die keine Verlierer zulässt, vermittelt eine wichtige Botschaft: Die Botschaft, dass der andere und sein Wohlergehen mir wirklich wichtig sind. Kinder, Familienmitglieder oder Freunde werden merken, dass mir ihre Gefühle nicht egal sind und dass ich alles tun werde, um sie als das zu behandeln, was sie sind: wertvolle Menschen.

Sieben Schritte zu Lösungen, bei denen beide Seiten Sieger sind

Haben wir uns einmal für diese Strategie entschieden, müssen wir nie mehr fürchten, selbst auf der Verliererseite zu stehen oder übermäßig Kraft und Energie investieren zu müssen, um eigene Interessen zu schützen. Überflüssige Diskussionen werden vermieden, und wir lernen schnell, effektive und rasche Entscheidungen zu Problemen zu treffen, die früher fast unlösbar schienen. Ich möchte Ihnen sieben Schritte anbieten, um zu Lösungen zu kommen, bei denen beide Seiten Sieger sind:

Schritt 1: Eine Strategie einführen, die keine Verlierer zulässt

Wenn alle an einer Beziehung Beteiligten sich bewusst auf solch eine Strategie einlassen, schafft das eine positive Grundstimmung, die den Umgang miteinander radikal verbessert. Man könnte dem anderen sagen, dass man selbst sich nur mit einer Lösung zufriedengeben wird, mit der sich auch der andere wohlfühlt. Die Aussage: „Mit dieser Entscheidung fühle ich mich nicht wohl“ oder: „Ich habe das Gefühl, hier als Verlierer dazustehen“ reicht, um die getroffene Entscheidung zu verwerfen und noch einmal von vorn zu beginnen. Alles andere ist schlicht nicht akzeptabel.

Diese Strategie ist wie ein Feuerlöscher. Sie vermittelt: „Es besteht kein Grund, sich bedroht zu fühlen, denn wir werden so lange weitermachen, bis jeder mit der getroffenen Entscheidung gut leben kann.“

Dieses Verhalten allein reicht schon, um die Beziehung einen ganzen Schritt voranzubringen. Alle Befürchtungen lösen sich in Luft auf.

Schritt 2: Auf die Gefühle des anderen achten

Reden Sie miteinander. Versuchen Sie herauszuhören, wo das Herz Ihres Gegenübers schlägt. Bemühen Sie sich, seine Gefühle wahrzunehmen und zu verstehen, warum eine spezielle Lösung bevorzugt wird. Warum scheint dies der richtige Weg zu sein? Warum ist das wichtig? Ruhen Sie nicht, bevor sich beide Seiten wirklich ganz verstanden fühlen.

Wenn Sie an diesem Punkt angelangt sind, nehmen Sie die eigenen Ideen und legen Sie sie zunächst einmal an die Seite. Sie geben sie nicht auf, aber Sie verfolgen sie auch nicht aktiv weiter. Sie versetzen sie sozusagen in „Wartestellung", falls Sie später noch einmal auf sie zurückkommen wollen.

Schritt 3: Die Sache vom Glauben her betrachten

Einige Konflikte werden sehr schnell gelöst, wenn wir danach fragen, was vom Glauben her zu diesem speziellen Problem zu sagen ist. Gebet ist immer gut. Tauschen Sie sich darüber aus, was die Bibel nach der Erkenntnis aller Beteiligten zu dem Thema sagt (auch wenn natürlich nicht jedes Thema und jedes Problem in der Schrift behandelt wird).

Oft ist allein das Einbeziehen einer spirituellen Ebene in einen Konflikt ein Schritt, der die Parteien näher zu einer Einigung bringt.[7]

Schritt 4: Brainstorming – Wie könnte eine Lösung aussehen, bei der beide gewinnen?

Halten Sie Ausschau nach kreativen Lösungen. Lassen Sie sich gegenseitig ausreden. Jeder soll die Gelegenheit bekommen, Vorschläge für eine wie auch immer geartete Lösung zu machen. Dabei ist es wichtig, dass eine geschützte Atmosphäre herrscht, dass also keine Äußerung bewertet oder gar verurteilt wird. Klärende Fragen dürfen gestellt werden, aber bewertet wird erst, wenn alle Ideen auf dem Tisch sind. Gehen Sie dann alle Vorschläge der Reihe nach noch einmal durch und markieren Sie diejenigen besonders, die eine Lösung darstellen könnten. Wenn Sie zusätzliche Informationen benötigen, hilft ein Gang in die örtliche Bücherei, eine Suche im Internet oder auch der Rat eines Fachmanns. Das Ziel ist, so viele Möglichkeiten wie möglich zu verfolgen.

Schritt 5: Eine Lösung auswählen

Jetzt ist es an der Zeit, zu einer Lösung zu kommen, die beide Seiten zufriedenstellt. Dabei spielt es keine Rolle, wessen Vorschlag das letztendlich war; wichtig ist nur, dass jeder hinter der gefundenen Lösung stehen kann.

Meine Frau und ich sind in diesem Prozess oft an einen Punkt gekommen, an dem die Lösung genau das war, was entweder sie oder ich von Anfang an wollte. Nur hatten wir in der Zwischenzeit jeder den Standpunkt des anderen eingenommen. Solange wir beide mit der Entscheidung zufrieden sind, ist das genau die Lösung, die wir wollten: Niemand fühlt sich als Verlierer.

Schritt 6: Die Lösung umsetzen

Sobald wir etwas gefunden haben, das wie eine Lösung aussieht, sollten wir es auch ausprobieren. Allerdings sollten wir das mit derselben Haltung tun, mit der wir sie auch gefunden haben – wichtig ist, dass niemand sich als Verlierer fühlt.

Die Art und Weise, wie meine Frau und ich Urlaub gemacht haben, ist ein gutes Beispiel dafür. Norma hatte immer schon lange vor dem Urlaub alles perfekt geplant: Wir wussten genau, wo wir wohnen und was wir tun würden. Für jemanden, der so spontan veranlagt ist wie ich, war das schrecklich. Also habe ich Norma immer wieder einmal gezwungen, drei Wochen an einem wildromantischen Fluss zu campen. Sie war alles andere als begeistert. Ich angle gerne, Norma schlendert gern durch Antiquitätengeschäfte und Einkaufszentren.

Irgendwann haben wir angefangen, auf das Herz des anderen zu hören, und uns entschlossen, zu einer Lösung zu finden, bei der beide Seiten gewinnen. Wir haben also die gegenseitigen Vorlieben kombiniert. Unser Lieblingsurlaub sieht nun so aus: Für die erste Nacht ist kein festes Quartier gebucht. Wir mieten ein Auto, erkundigen uns, wo es am schönsten ist, und fahren dorthin. Auf diese Art haben wir schon die unglaublichsten Fleckchen Erde entdeckt. Manchmal, wenn wir unterwegs an einem Fluss vorbeikommen, halten wir an. Ich angle eine Stunde, und Norma sitzt im Schatten und liest. Dann fahren wir in die nächste Stadt, suchen uns eine Unterkunft, und ich begleite meine Frau beim Einkaufsbummel. So sind wir beide ganz zufrieden. Jeder von uns fühlt sich als Gewinner!

Schritt 7: Die Lösung bewerten und notfalls überarbeiten

Eine Lösung, bei der beide Seiten gewinnen, muss auch langfristig beide zu Gewinnern machen. Wenn Norma und ich zu einer Lösung gekommen waren, die eher meinem anfänglichen Standpunkt entsprach, habe ich oft gedacht: „Du hast zugestimmt, also wirst du jetzt damit leben müssen, auch wenn sich deine Meinung vielleicht ändert." Diese Haltung ist nicht gut. Funktioniert die Lösung irgendwann für eine Seite nicht mehr, fühlt sich jemand als Verlierer, und das Team leidet. Deswegen muss eine Lösung, bei der beide Seiten gewinnen, auch immer eine solche Lösung bleiben.

Manchmal denken wir, wir hätten die perfekte Lösung gefunden, merken dann aber, dass sie nicht so gut funktioniert, wie wir gehofft hatten. Wenn Sie so etwas feststellen, dann ziehen Sie die gefundene Lösung nicht heroisch und stur durch. Vielleicht haben Sie einen wichtigen Aspekt übersehen. Dann ist es wichtig, die Lösung noch einmal zu überarbeiten, denn Sie wollen ja sicherstellen, dass Sie als Team erfolgreich sind. Und dazu gehört eine dauerhafte und langfristig für beide Seiten funktionierende Lösung.

Zwei häufige Einwände

Viele Menschen, die noch nie erlebt haben, wie diese Strategie in die Realität umgesetzt wird und welch positive Auswirkungen sie haben kann, sind in der Regel etwas zögerlich, sich darauf einzulassen. Sie haben zwei Einwände vorzubringen:

1. Das dauert doch viel zu lange. „Ich habe einfach nicht die Zeit, mich durch diese sieben Schritte zu arbeiten", werden einige sagen. „Bei den vielen Streitpunkten, die wir haben, dauert das eine *Ewigkeit!*"

Dazu kann ich nur sagen: Diese Strategie, die keine Verlierer mehr zulässt, spart jede Menge Zeit, besonders dann, wenn man sich einmal an sie gewöhnt hat. Und zwar aus folgendem Grund:

Wenn man das Gefühl hat, man müsste das eigene Territorium verteidigen, stemmt man die Füße fest in den Boden und macht sich bereit für ein langes und ermüdendes Tauziehen. Der Kampf geht so lange, bis eine Seite erschöpft ist – und das kann sehr lange dauern.

Führt man jedoch eine Strategie ein, bei der beide Seiten gewinnen, muss man keine Angst mehr haben, dass der eigene Standpunkt untergeht. Man muss nicht länger fürchten, dass die eigenen Gefühle nicht beachtet werden. Wenn diese Dinge keine Rolle mehr spielen, ist auf einmal auch die eigentliche Meinungsverschiedenheit gar nicht mehr so groß. Da man nicht mehr an vielen Fronten gleichzeitig kämpfen muss, kommt man schneller voran. Das ist effektiv und überhaupt nicht zeitaufwendig. Einmal eingeführt, werden diese sieben Schritte so selbstverständlich wie das Atmen.

2. Was ist, wenn keine Einigung zustande kommt und jemand eine Entscheidung treffen muss? Dazu kann ich aus der Praxis sagen: Das kommt kaum vor. Wir haben bereits gesehen, dass das offensichtliche Problem kaum jemals das eigentliche Problem ist. Wenn die neuen Tanzschritte eingehalten werden, wird solch eine Situation wahrscheinlich nicht entstehen.

Und wenn doch? Ich habe folgende Beobachtung gemacht: Die meisten „dringenden" Entscheidungen – also Dinge, die mich in Stress bringen, die mir sagen, dass mir die Zeit davonläuft, die darauf bestehen, dass ich hier die Gelegenheit meines Lebens verpasse – stellen sich letztendlich als gar nicht so dringend heraus. Entweder war die Gelegenheit doch nicht so gut, wie sie anfangs aussah (was ich aber aus meiner Position heraus nicht sehen konnte), oder es hat sich eine andere Möglichkeit ergeben, die sogar noch besser ist. Und diese zweite Möglichkeit hätte ich oft in meinem Leben schon verpasst, hätte ich auf der ersten bestanden, die mir anfangs so günstig erschien.

Normalerweise verschiebe ich solche Entscheidungen, bis ich mir mit dem anderen einig bin. Ist doch einmal eine Entscheidung notwendig, versuche ich herauszufinden, wer aufgrund von Erfahrung, Ausbildung oder anderer Fähigkeiten wohl am besten dafür geeignet ist. Diese Person entscheidet dann. Männer neigen oft dazu, in Machomanier zu sagen: „Ich bin der Mann, also entscheide ich auch, was gemacht wird." Das ist natürlich für die Beziehung nicht förderlich und auch nicht immer der beste Weg.

Wenn ich mich heute gezwungen sehe, eine Entscheidung zu treffen, die Norma nicht befürwortet, tue ich das – aber mit großer Vorsicht. Und ich sage ihr: „Ich denke, ich sollte das jetzt entscheiden, aber ich möchte dir sagen, dass ich damit auch durchaus falschliegen kann, denn wir haben uns ja bis jetzt nicht einigen können. Sollte sich herausstellen, dass sie tatsächlich falsch ist, werde ich auch die Konsequenzen tragen." Das ist doch etwas ganz anderes als der Spruch: „Ich bin der Mann, und ich entscheide!"

Sie haben die Wahl

Stellen Sie sich vor, Sie sind mit Ihrem Ehepartner, Freund oder Kollegen in einem Ruderboot auf einem See unterwegs. Es entsteht ein Streit. Auf dem Boden des Bootes entdecken Sie ein Gewehr. Um Ihrem Standpunkt Nachdruck zu verleihen, nehmen Sie die Waffe und schießen Löcher in den Bootsrumpf.

Der andere wird Ihren Standpunkt wahrscheinlich verstehen – aber was ist mit dem Boot? Es wird sinken, und mit ihm Ihr Partner – und Sie. Auf dem Weg zum Grund des Sees können Sie in aller Ruhe Ihren „Sieg" feiern.

Vergessen Sie also nicht: In jeder wichtigen Beziehung können Sie nur gewinnen, wenn der andere ebenfalls gewinnt. Es liegt also in Ihrem eigenen Interesse sicherzustellen, dass der andere ebenfalls auf der Gewinnerseite steht. Genauso muss dem anderen daran gelegen sein, dass Sie gewinnen, denn die einzige Alternative ist, dass beide verlieren.

Wenn wir uns auf eine Beziehung einlassen, die für unser Leben wichtig ist, dann treffen wir damit gleichzeitig die Entscheidung, dass wir Teil eines Teams werden. Jede Beziehung erfordert Entscheidungen. Wir können entscheiden, ob das Team erfolgreich sein wird oder versagt. Wir entscheiden, ob die Beziehung uns Freude oder Schmerz bereitet. Wir haben die Wahl.

Bei den Olympischen Spielen von 1988 schaffte es die US-amerikanische Volleyballmannschaft der Herren bis ins Halbfinale. Paul Samuelson, einer der Spieler, beleidigte während einer Partie einen der Schiedsrichter. Ein Sportgericht entschied auf einen Strafpunkt für das Team. Dieser eine Punkt hat die Mannschaft letztendlich die Goldmedaille gekostet.

Am nächsten Tag war das Spiel um die Bronzemedaille. Die amerikanischen Spieler erschienen alle mit Glatze. Die Zuschauer fragten sich nach dem Grund. War das besser für die Aerodynamik? Wollten sie die Schiedsrichter ärgern? War das die neue Haarmode? Nein. Die Spieler hatten dafür nur einen einzigen Grund: Ihr Teamkollege Paul Samuelson hatte eine Glatze. Durch ihre ungewöhnliche „Frisur" wollten sie der Welt sagen: „Paul hat einen Fehler gemacht, aber er ist immer noch unser Freund. Er hat es vermasselt, aber er gehört immer noch zum Team."

Teammitglieder siegen gemeinsam oder verlieren gemeinsam. Als Partner in einer Beziehung erleben wir dasselbe – nur entscheiden wir in Beziehungen jeden Tag neu, ob wir siegen oder verlieren werden.

Wie wird Ihre Entscheidung aussehen?

***Das Leben dreht sich um Beziehungen;
alles andere sind Nebensächlichkeiten.***

3-Minuten-Check: Teamwork – Führen Sie eine Streitkultur ein, bei der es keine Verlierer gibt

1. **Etablieren Sie eine Strategie, bei der es keine Verlierer mehr gibt.** Wenn in einer Beziehung einer der Partner verliert, verliert der andere ebenfalls. Eine Strategie, die keine Verlierer mehr zulässt, hat als Ziel, dass die Partner Verständnis füreinander aufbringen und am Ende beide auf der Siegerseite stehen.

2. **Gewinnen heißt: eine Lösung finden, mit der sich beide Seiten wohlfühlen.** Es geht nicht darum, einen Kompromiss zu finden, sondern eine Lösung, der beide Seiten voll zustimmen können.

3. **In einer gesunden Beziehung gewinnt jeder.** Wenn wir Beziehungen als Teamwork betrachten, verpflichten wir uns damit, an Strategien zu arbeiten, die auf Zusammenarbeit angelegt sind.

4. **Sieben Schritte zu Lösungen, bei denen beide Seiten gewinnen:**
   - Schritt 1: Eine Strategie einführen, die keine Verlierer zulässt.
   - Schritt 2: Auf die Gefühle des anderen achten.
   - Schritt 3: Die Sache vom Glauben her betrachten.
   - Schritt 4: Ideen sammeln – Wie könnte eine für beide Seiten befriedigende Lösung aussehen?
   - Schritt 5: Eine Lösung auswählen.
   - Schritt 6: Die Lösung umsetzen.
   - Schritt 7: Die Lösung bewerten und notfalls überarbeiten.

Teil 3
Der nächste Schritt

Kapitel 9

Was wir verändern können

„Ich habe es genau so gemacht, wie Sie gesagt haben", sagt mir ein erregter Klient, „aber es funktioniert nicht. Ich habe herausgefunden, was meine Grundangst ist, ich habe gelernt, für mich selbst Verantwortung zu übernehmen, ich habe ein geschütztes Umfeld geschaffen, an meinen Kommunikationsfähigkeiten gearbeitet und mich bemüht, unsere Ehe als Teamarbeit zu sehen. Und trotzdem – meine Frau macht mich verrückt. Ich sage Ihnen, das klappt nicht."

Solche Klagen höre ich immer wieder einmal. Normalerweise antworte ich dann in etwa folgendermaßen: „Wenn Sie sich an die Schritte halten, die Sie jetzt kennen, dann bin ich fest davon überzeugt, dass Sie auf dem Weg sind zu einer starken, gesunden Beziehung, die sich weiterentwickeln wird. Allerdings gehört es zur Aufrichtigkeit, auch zu sagen, dass man durchaus alles ‚richtig' machen kann und trotzdem in der Beziehung nicht dahin kommt, wo man gerne hinmöchte. Auch diese Strategien garantieren nicht, dass Sie in Ihren Beziehungen alles das bekommen, was Sie sich wünschen. Diese Garantie gibt es nicht."

Das ist eine bittere Pille. Für manche Menschen ist es eine so herbe Enttäuschung, dass sie resignieren. Aber so weit muss es nicht kommen.

Eine Warnung

Als Beziehungsexperten dürfen wir nicht den Trugschluss nähren, dass es *in jedem Fall* zu einer großartigen Beziehung führt, wenn man nur bestimmte Prinzipien und Verhaltensweisen einhält. Solch ein unrealistisches Versprechen kann Menschen sehr entmutigen und enttäuschen.

Die harte Realität ist: Sie können sich genau an die Vorgaben dieses Buches halten und *trotzdem nicht* die Beziehung erleben, die Sie sich wünschen. Dieser Umstand wird in den meisten Beziehungsratgebern ausgeklammert. Dafür gibt es auch einen plausiblen Grund. Wer möchte schon zugeben, dass durchaus die Möglichkeit besteht, nicht zum gewünschten Erfolg zu kommen? Autoren und Seminarleiter möchten vermitteln, dass man nach der Lektüre eines Buches oder dem Besuch einer Konferenz das nötige Handwerkszeug hat, um das Ruder herumzureißen.

Natürlich ist dieser Anspruch in mancher Hinsicht richtig, aber er kann keine Garantie sein. Es *stimmt*, dass die vorgestellten Konzepte und Techniken eine Beziehung zum Erfolg führen können. Es *stimmt*, dass man ein Umfeld schaffen kann, in dem gesunde Beziehungen wachsen und gedeihen. Für mich sind die Erkenntnisse dieses Buches der einfachste Weg zu großartigen Beziehungen. Das stimmt alles – und ist trotzdem keine Erfolgsgarantie. Und diese Erkenntnis kann sehr frustrierend sein.

Trotzdem bedeutet das *nicht*, dass die hier vorgestellten Prinzipien und Techniken „nicht funktionieren". Bei Weitem nicht!

Die Veränderung, die Gott sich am meisten wünscht

Meiner Erfahrung nach bedeutet „Es funktioniert nicht" oft einfach: „Die Gewohnheiten und das Verhalten meines Partners machen mir auch weiterhin das Leben schwer." „Es funktioniert nicht" heißt übersetzt: „Ich kann meinen Partner nicht dazu bringen, sich zu verändern."

Was aber, wenn das gar nicht das ist, was Gott eigentlich möchte? Was, wenn Gott am allerliebsten *uns selbst* verändern möchte?

Vor einigen Jahren erlebten meine Kollegen dieses Dilemma während einer sehr schwierigen Eheberatung. Der Mann hatte wiederholt die Familie an den Rand des finanziellen Ruins gebracht. Um Schulden zu bezahlen, hatte er sich auf riskante Investitionen eingelassen. Große Summen gingen verloren. Dann versuchte er, das alles vor seiner Frau geheim zu halten. Fand sie einen Hinweis auf seinen verantwortungslosen Umgang mit dem Haushaltsgeld, erfand er ein Lügengebilde. Seine Frau war außer sich vor Wut und Frust.

Sie hatte nur einen Wunsch: Ihr Mann sollte sich verändern und endlich glaubwürdig und integer werden. Daran war ja zunächst einmal nichts Schlechtes! Schwierig war nur, dass sie dachte, sie könnte ihren Mann *zwingen*, so zu werden, wie sie ihn haben wollte. In der Beratung sagte sie immer wieder: „Ich war auf Konferenzen. Ich habe Bücher gelesen. Wir haben schon drei Eheberatungen hinter uns. Nichts hat funktioniert."

Was war ihr Problem? Sie hatte sich festgelegt: Für sie war nur das eine Lösung, was ihren Mann dazu zwang, sich zu verändern. Sie hatte hartnäckig das falsche Ziel verfolgt. Sie wollte nur wissen, was sie tun kann, damit ihr Mann endlich so handelt, wie sie es möchte. Welches System, welche Technik wird ihn so manipulieren, dass er mit größerer Verantwortung handelt? Solange für sie nur das „funktionierte", was ihren Mann zu einer Veränderung zwang, konnte sie ihre Wut nicht loswerden. Eine Wende trat erst ein, als sie ihr Problem auf neue Art und Weise betrachtete.

„Was wäre", so fragten wir, „wenn Sie die Frage anders stellen? Nicht mehr: ‚Was bringt ihn dazu, sich zu verändern?', sondern: ‚Welche Art von Person soll *ich* eigentlich sein?'"

Diese Fragestellung war für sie neu und brachte sie auf einen völlig neuen Weg. Ihr wurde klar, dass diese Frau, die ihren Mann mit Wutausbrüchen und Herumquengeln traktierte, nicht die Frau war, die sie eigentlich sein wollte. Schließlich merkte sie, dass all die Energie, die sie in ihre Nachforschungen steckte, um herauszufinden, ob ihr Mann log oder die Wahrheit sagte, reine Zeitverschwendung war und ein ineffektiver Einsatz ihrer ohnehin begrenzten Mittel. Also hörte sie auf zu fragen: „Was kann meinen Mann dazu bringen, sich zu verändern?" und fragte stattdessen: „Wie kann ich so werden, wie Gott es eigentlich für mich vorgesehen hat?"

Hier kommen wir wieder zu einer Beziehungswahrheit, die wir bereits in einem früheren Kapitel angesprochen haben: *Entscheidung bedeutet Veränderung*. Wenn wir uns für einen bestimmten Weg entscheiden, wird diese Entscheidung immer Veränderungen nach sich ziehen. Auch wenn sich das bedrohlich anfühlen mag, in diesem Fall ist es der richtige Weg.

Eines müssen wir uns klarmachen: Solange wir das Problem oder das Ziel nur über die andere Person definieren, werden wir handlungsunfähig sein. Wir werden nicht die Kraft haben, irgendetwas zu verändern. Wir werden so wenig in der Lage sein, den anderen von uns aus zu verändern, wie ein Querschnittsgelähmter in der Lage ist, den Rollstuhl zu verlassen und einen 100-Meter-Lauf zu absolvieren.

Sie können den anderen nicht zwingen, sich zu ändern.

Der Schlüssel liegt darin, die Antwort auf die Frage zu verändern: „Was möchte ich eigentlich erreichen?" Könnte es nicht hilfreicher sein, Ziele zu entwickeln, die mehr Aussicht auf Erfolg haben? Das Ziel, den anderen zu verändern, gehört jedenfalls nicht auf diese Liste, denn es hat *keine* große Aussicht auf Erfolg.

Persönliche Veränderung und die Offenheit für überraschende Einsichten

Das englische Wort *serendipity* bedeutet so etwas wie „die Fähigkeit, zufällig hilfreiche Entdeckungen zu machen". Um diese Fähigkeit oder Offenheit geht es im Folgenden.

Unerwartete Einsichten dieser Art ereignen sich häufig, wenn wir Gott fragen, wie *er uns* verändern möchte, anstatt unsere Bemühungen um Veränderung immer nur auf den anderen zu konzentrieren. Wenn wir das Ziel verfolgen, das eigene Verhalten zu verändern, wird dem anderen oft positiv auffallen, dass wir anders sind als vorher, und er oder sie macht sich selbst auf den Weg.

Das ist kein Versprechen. Aber es liegt durchaus im Bereich des Möglichen.

Noch einmal zurück zu dem Mann, der so verantwortungslos mit den Familienfinanzen umging. Als seine Frau begann, die Macht des Einzelnen auszuüben, und sich darauf konzentrierte, was Gott aus ihr machen wollte, wurde das Leben für sie wieder einfacher und schöner. Sie hörte auf herumzuquengeln und versuchte auch nicht mehr, ihn beim Lügen zu ertappen. Sie gab es auf, ihren Mann dazu zu zwingen, ehrlich zu werden.

Das tat sie für sich selbst und um ihren eigenen Frieden zu finden. Natürlich wünschte sie sich verständlicherweise immer noch, dass ihr Mann sich veränderte. Aber nun wollte sie unabhängig vom Verhalten ihres Mannes weiter den Weg gehen, den Gott für sie bereithatte.

Diese Frau erlebte dann eine echte Überraschung. Als sie begann, geistlich und emotional reifer zu werden und sich auch entsprechend zu verhalten, wurde ihrem Mann zunehmend bewusst, wie verantwortungslos sein eigenes Verhalten war. Da er nicht mehr so viel Zeit damit verbringen musste, sich gegen seine Frau zur Wehr zu setzen, hatte er plötzlich Zeit, sich mit seinen eigenen Fehlern auseinanderzusetzen. So merkte er, wie unlogisch und falsch sein Verhalten war. Das machte ihm so zu schaffen, dass er sich schließlich veränderte. *Aber der Grund dafür waren nicht die ständigen Vorhaltungen seiner Frau.*

Die einzige Person, die Sie verändern können, sind Sie selbst.

Diese Frau erlebte ein Happy End, weil sie ganz bewusst ihre Blickrichtung veränderte. Sie konzentrierte sich nicht mehr darauf, ihren Mann zu verändern, sondern vielmehr sich selbst. Sie hatte verstanden, dass sie sein Verhalten nicht kontrollieren konnte. Als ihr Mann den positiven Unterschied bemerkte, begann Gottes Weg mit ihm, und er sorgte für die notwendigen Veränderungen seines eigenen Verhaltens.

Gott sei Dank, es gibt diese unerwarteten hilfreichen Einsichten!

Und wenn der Wunsch nach Veränderung unerfüllt bleibt?

Wie gesagt: Es gibt keine Garantie. Diese Erkenntnis kann eine große Enttäuschung sein. Was, wenn die eigenen Veränderungen nicht zu dem gewünschten Ergebnis führen? Was, wenn der andere sich trotzdem nicht ebenfalls verändert?

Dann werden die Dinge sich trotzdem zum Positiven verändern, wenn auch nicht so, wie wir es uns eigentlich erträumt haben. Wenn wir konsequent den Weg der persönlichen Veränderung gehen, wird unser Leben befriedigender, erfüllender und schöner sein, und andere werden davon profitieren können. Unser Leben wird besser sein als vorher, als wir nämlich noch versuchten, den anderen zu verändern. Trotzdem muss offen gesagt werden: Vielleicht erfüllt sich unser Herzenswunsch niemals.

In meinem Bekanntenkreis hat vor Kurzem eine Frau von solch einer überraschenden Entwicklung berichtet. Sie ist bereits siebzig und mit einem sehr egoistischen Mann verheiratet. Anfangs hat sie noch versucht, ihn zu verändern, aber irgendwann hat sie aufgegeben. Stattdessen bat sie Gott, sie zu verändern. Sie gab jegliche Erwartungen an ihren Mann auf und arbeitete an sich selbst. Das war das Beste, was sie tun konnte. Sie betete weiter für ihren Mann, erwartete aber keine Veränderungen mehr von seiner Seite. Das Einzige, wovon sie ihn noch abzubringen versuchte, war, ihr immer wieder teuren Schmuck zu kaufen. Aber auch hier war sie erfolglos.

Diese Frau konnte ihren Mann nicht verändern, sich selbst aber schon. Und das tat sie auch. Die Liebe, die sie ihrer Familie und ihren Freunden gegenüber zeigte, und die Liebe, die sie zurückbekam, machten sie glücklich. Sie ließ sich füllen mit der Liebe Gottes.[1] Als ihr Mann pensioniert wurde, verlor das Ehepaar alle Ersparnisse durch glücklose Investitionen. Sie hatten nichts mehr. Sie konnten nur überleben, indem sie nach und nach den kostbaren Schmuck verkauften, gegen den sie sich so heftig gewehrt hatte. Gott hatte überraschend vorgesorgt.

In unserer Beratungsarbeit haben wir kein Zaubermittel für Beziehungen, keine „Geheimnisse“ mit Erfolgsgarantie, durch die alle Träume erfüllt werden, keine hundertprozentig erfüllbaren Versprechen, die ins Beziehungsparadies führen. Mehr als neunzig Prozent der Paare, die mit ihren Beziehungsproblemen zu uns kommen, können wir helfen, mehr Befriedigung und Erfüllung in ihrer Beziehung zu finden. Aber es bleiben immer noch knapp zehn Prozent, die sich irgendwann vor dem Scheidungsrichter wiederfinden. Wir geben unser Bestes, und meist ist auch ein Partner bereit, an der Beziehung festzuhalten. Trotzdem gibt es Ehen, die zerbrechen.

Wie kommt das? Wenn der Wunsch da ist – ein Wunsch, hinter dem Gott selbst steht –, sollte es dann nicht immer ein Happy End geben? Sollten sich die Dinge nicht immer so entwickeln, wie wir es uns wünschen? Sollte es nicht doch irgendeine Garantie geben, dass wir das bekommen, was wir uns erhoffen, wenn wir nur die richtigen Dinge tun?

Das sollte vielleicht so sein, ist es aber nicht. Es gibt keine Garantie. Aber es gibt die überraschenden Entwicklungen.

Schon vor dreitausend Jahren machte David, König im alten Israel, eine enttäuschende Erfahrung. Er wollte für den Gott, den er so sehr liebte, einen Tempel bauen. Er fragte den Propheten Nathan nach seiner Meinung zu dieser Idee, und Nathan empfahl ihm, das Projekt umzusetzen. David rief die notwendigen Handwerker zusammen und besorgte ausreichend Material und Geld, um einen wunderschönen Tempel für den Gott Israels zu bauen. Alles lief gut.

Aber irgendwann brachte Nathan überraschende Neuigkeiten, die die Hoffnungen und Pläne des Königs zunichtemachten. „Du willst ein Haus für mich bauen?“, fragte Gott David.[2] Dann informierte er ihn: „Du hast große Kriege geführt und dabei viele Menschen getötet. Weil du so viel Blut vergossen hast, sollst du mir keinen Tempel bauen.“[3] Es gibt einen wichtigen Punkt in dieser Geschichte. Gott sagt David nämlich ausdrücklich, dass sein Wunsch, einen Tempel zu bauen, „richtig“ ist!

Damit Sie verstehen, worum es geht: War es gut, dass David seinem Gott einen Tempel bauen wollte? Ein klares Ja! Gott selbst bestätigte diesen Wunsch, indem er ihm sagte: „Ich freue mich …, dass du mir einen Tempel bauen möchtest.“[4] Trotzdem hat Gott David diesen Wunsch verwehrt. Diese schöne Aufgabe kam dann seinem Sohn und Nachfolger Salomo zu. Gott billigte zwar Davids Wunsch, aber erfüllt hat er ihn nicht.

Aus dieser alten Geschichte können wir viel lernen. Es ist durchaus möglich, dass in unserem Herzen ein Wunsch wächst, den Gott auch billigt, der aber trotzdem niemals in Erfüllung gehen wird.

Eine harte Wahrheit? Ganz gewiss! Aber vergessen wir nicht, dass Gott immer wieder Überraschungen bereithat.

David war sicherlich tief enttäuscht, als klar wurde, dass sein an sich richtiger Wunsch nicht in Erfüllung gehen würde. Mit der göttlichen Entscheidung hatte er nicht gerechnet; er hatte doch bereits alles in die Wege geleitet. Aber Gott hat immer Überraschungen parat. Er sagte David, dass er ihm zwar nicht erlauben würde, den Wunsch in die Tat umzusetzen, dass Gott aber stattdessen für David ein „Haus" bauen würde – einen Stammbaum, aus dem schließlich der Messias hervorgehen würde, Jesus Christus, der Retter und Herr der Welt.[5] Erstaunlich! David erlebte zwar nicht, dass sein Herzenswunsch in Erfüllung ging, aber Gott hatte etwas anderes (und viel Größeres) für ihn vorgesehen.

Das ist ein atemberaubendes Bild von dem, was Gott für uns tun kann. Vielleicht verlieren wir unseren Ehepartner, verstehen uns nicht mit unseren erwachsenen Kindern, müssen erleben, dass Freundschaften zerbrechen. Aber all das bedeutet nicht, dass diese Beziehungen für immer verloren sind. Jeder hat schon gehört, dass Menschen sich im späteren Leben wieder zusammengefunden und in der Beziehung viel Freude erlebt haben.

Welche Macht haben wir?

Wenn Sie in irgendeiner Beziehung das Gefühl haben: „Es funktioniert einfach nicht", dann ist es vielleicht an der Zeit zu fragen: „Was will ich eigentlich erreichen? Was ist mein Ziel?"

Ist es Ihr Ziel, den anderen zu verändern, dann werden Sie an Wut und Frustration nicht vorbeikommen. In dieser Situation sollten Sie sich fragen: „Welche Macht steht mir tatsächlich zur Verfügung?"

Die beste Antwort auf diese Frage – und das Ziel mit der wahrscheinlich höchsten Erfolgsgarantie – ist, so scheint mir jedenfalls, folgende: Ich will der Mensch werden, zu dem Gott mich eigentlich gemacht hat. Sie haben das größte Mitspracherecht und die größte Macht darin, sich selbst zu verändern. Die Entscheidung, sich auf sich selbst zu konzentrieren, birgt das Potenzial in sich, dass auch der andere von dieser Entscheidung betroffen sein wird, allerdings ist das eher zweitrangig, eher ein angenehmer Nebeneffekt als das eigentliche Ziel.

Klingt das in Ihren Ohren nach einer schwierigen Herausforderung? Ich kann nicht verneinen, dass es das auch ist. Wenn der andere sich bereits aus der Beziehung verabschiedet hat, möchte man natürlich etwas unternehmen, damit er oder sie zurückkommt. Aber wenn das zum vorrangigen Ziel wird, ist der Frust vorprogrammiert.

Ich treffe auch immer wieder Menschen, die behaupten, ihr Ziel sei, so zu werden, wie Gott es vorgesehen hat; aber sie verfolgen eigentlich etwas ganz anderes. Wir sind alle Meister darin, uns selbst etwas vorzumachen. Aber was passiert, wenn wir das tun? Der andere wird spüren, dass er manipuliert werden soll, und damit sind alle Bemühungen hinfällig.

Eines Morgens rief Mark bei mir an. Er war in Panik und befürchtete, dass Sara, seine Frau, ihn noch am selben Tag verlassen würde. Er wusste nicht, dass Sara mich bereits genau darüber informiert hatte. Zwei Tage vorher hatte sie zu mir gesagt: „Ich habe bei zahllosen Gelegenheiten versucht, Marks Aufmerksamkeit zu bekommen. Aber er scheint mich einfach nicht wahrzunehmen." Als sie ging, war Mark am Boden zerstört. Von da an gingen unsere Gespräche in eine völlig andere Richtung. Ich konnte endlich Dinge ansprechen, die Mark vorher einfach nicht hatte hören wollen.

Für Mark war es wichtig, sich auf die Dinge zu konzentrieren, die er auch wirklich verändern konnte, anstatt sich mit Dingen abzuplagen, die sowieso nicht seiner Kontrolle unterstanden. „Sie können bleiben, wo Sie sind", sagte ich, „aber damit werden Sie sich in eine Position bringen, in der Sie nichts bewegen können. Solange Sie alles, was geschieht, so betrachten, als sei es ja nur ein äußerer Vorgang, werden Sie immer Opfer bleiben. Sie werden nichts kontrollieren und Ihre Situation nicht aktiv gestalten können. Das können Sie tun – ich allerdings würde mich lieber auf das konzentrieren, was auch in meiner Macht liegt. So kann ich wenigstens versuchen, die Dinge zum Besseren zu verändern."

Selbst mit besten Absichten

Ein weitverbreitetes Missverständnis ist, dass Konflikte in Beziehungen nie mehr auftreten werden, wenn die hier vorgestellten Prinzipien erst einmal umgesetzt worden sind. Viele Menschen sind nicht deswegen entmutigt, weil ihre Beziehungen nicht den gewünschten Verlauf nehmen, sondern weil sie nicht ständig auf diesen einmal erfahrenen „sonnigen Höhen“ wandeln.

Die Realität sieht aber anders aus: Man kann alles über den Beziehungskiller-Blues wissen, man kann herausfinden, wo die eigene Grundangst liegt. Man kann sämtliche neuen Tanzschritte einüben. Und trotzdem besteht immer die Gefahr, dass wir in verletzende Muster zurückfallen, selbst wenn wir doch eigentlich die besten Absichten haben.

Mein Sohn Michael und seine Frau Amy wissen genau, wie der Beziehungskiller-Blues geht, und sie kennen auch ihre jeweilige persönliche Grundangst. Und doch passiert es manchmal, dass sie zurückfallen in alte Verhaltensmuster – wie meine Frau und ich übrigens auch.

Die Sonntage sind bei ihnen oft ein Knackpunkt, denn jeden Sonntagabend trifft sich der Teenkreis der Gemeinde bei Michael und Amy zu Hause. Eines Sonntags mussten sie noch das Haus aufräumen und putzen. Sie waren beide müde, aber da Amy den größten Teil der Nacht mit dem unzufriedenen Baby beschäftigt gewesen war, sagte Michael zu ihr: „Leg dich doch ein bisschen hin. Ich räume inzwischen auf, und wenn du aufwachst, ist alles fertig.“

Amy nahm das Angebot dankbar an und legte sich zwei Stunden hin. Michael putzte in dieser Zeit. Allerdings ist sein Putzstil etwas ungewöhnlich. Er verzettelt sich, springt von einer Ecke in die andere und bringt nichts wirklich zu Ende.

Als Amy nach den zwei Stunden relativ erholt nach unten kam, bemerkte sie, dass Michael zwar die Schuhe der Kinder weggeräumt, aber das Chaos einen Meter weiter links auf dem Fußboden unangetastet gelassen hatte. Sie wurde ärgerlich und machte ihrem Mann Vorwürfe.

Das fand Michael natürlich ungerecht: „Ich habe die zwei Stunden aufgeräumt, die du geschlafen hast. Warum bist du jetzt so ärgerlich?“

Amy kam dadurch erst richtig in Fahrt und fing an, seine Putzversuche zu kritisieren. Michael fühlte sich verletzt, wollte sich die Kinder schnappen und mit ihnen nach draußen gehen. Das Haus schien ihm nicht mehr sicher zu sein. Amy jedoch protestierte heftig, also blieben Michael und die Kinder zu Hause.

Abends, nachdem sich die Lage wieder beruhigt hatte, wollte Michael den Vorgang noch einmal in aller Ruhe besprechen. Er fragte: „Können wir noch einmal über vorhin sprechen? Ich bin verletzt und auch verwirrt. Deine Vorwürfe haben mir regelrecht körperlich wehgetan. Wenn du mich so behandelst, würde ich am liebsten alle Gefühle für dich einfach abstellen." Michael sagte ehrlich, wie er empfand, und das war auch gut.

Amy sah das jedoch ganz anders. Sie reagierte sehr abweisend und mit erneuter Kritik, und das brachte Michael ziemlich aus der Fassung.

Am nächsten Tag wurde der Vorfall nicht mehr angesprochen. Dienstags ist Hauskreisabend. Nachmittags sagte Michael zu Amy: „Irgendwie kommen wir mit diesem Konflikt nicht weiter. Vielleicht können wir den Hauskreis um Hilfe bitten."

Das kam für Amy nicht infrage. Sie weigerte sich nicht nur, den Konflikt mit der Gruppe zu besprechen, an diesem Dienstag wollte sie noch nicht einmal hingehen. „Aber Amy", bat Michael, „darum geht es doch schließlich in einem Hauskreis. Wir müssen hingehen."

Das taten sie dann auch und erzählten von ihrem Streit. Jemand aus der Gruppe, dem das Konzept der Angstauslöser vertraut ist, sagte zu Michael: „Hast du nicht gemerkt, dass du mit deinem Verhalten Amys Angst angesprochen hast?"

Michael schaute verständnislos. „Nun", erinnerte der andere ihn, „Amys Grundangst ist die Angst vor Ablehnung und Verlassenwerden."

Plötzlich war alles glasklar. Als Michael mit den Kindern nach draußen gehen wollte, drückte er damit Amys Angstknopf. Der Pastor brachte mit seiner Erklärung Licht ins Dunkel, und Michael und Amy verstanden, wie sie wieder einmal dem Beziehungskiller-Blues auf den Leim gegangen waren.

„Ich dachte, ich wäre so perfekt und nett gewesen", sagte Michael, „dabei war es genau das Gegenteil." Und auch Amy erkannte, wie bereitwillig sie sich auf den Streit eingelassen hatte.

Selbst wenn wir nur die besten Absichten haben, selbst wenn wir die alten und neuen Schritte vom Beziehungskiller-Blues in- und auswendig kennen – wir können trotzdem immer wieder in die alten Verhaltensmuster fallen und ein furchtbares Chaos anrichten. Aber Gott sei Dank können wir diese Muster durchbrechen, wenn wir unsere Fehler einsehen und dann weiter an gesunden, sicheren und erfüllenden Beziehungen bauen.

Noch einmal

Ich bin fest davon überzeugt, dass die hier vorgestellten fünf neuen Tanzschritte die beste denkbare Möglichkeit darstellen, erfolgreiche, erfüllende und glückliche Beziehungen aufzubauen. Wenn wir diese neuen Tanzschritte in die Praxis umsetzen, steigen die Chancen für unsere Beziehungen – auch wenn es natürlich keine Garantie dafür gibt, dass es damit immer nach Wunsch läuft.

Deswegen möchte ich es noch einmal deutlich sagen: Auch ich habe kein Zaubermittel. Es gibt kein „Geheimnis", das den Erfolg für eine Beziehung garantieren kann. Denen aber, die sich in einer Welt ohne Garantien nicht wohlfühlen, möchte ich versichern: Ich bin mir sicher, dass es klappen kann. Und diese Sicherheit kommt aus dem Wort Gottes, das uns ein schönes Bild vor Augen malt:

> Noch trägt der Feigenbaum keine Blüten, und der Weinstock bringt keinen Ertrag, noch kann man keine Oliven ernten, und auf unseren Feldern wächst kein Getreide; noch fehlen Schafe und Ziegen auf den Weiden, und auch die Viehställe stehen leer. Und doch will ich jubeln, weil Gott mir hilft, der Herr selbst ist der Grund meiner Freude! Ja, Gott, der Herr, macht mich stark; er beflügelt meine Schritte, wie eine Gazelle kann ich über die Berge springen."[6]

Gott steht auf Ihrer Seite. Er will, dass Beziehungen gelingen. Er hat einen „Bauplan" für die Beziehungs-DNA. Wenn wir diese Prinzipien konsequent anwenden, werden unsere Beziehungen heil, stark und erfüllend werden. Freundschaften werden wiederhergestellt, Ehen werden harmonischer und glücklicher, und Familien entdecken, welches Glück in einem harmonischen Miteinander liegt.

Wir können Einfluss nehmen auf nachfolgende Generationen, auf unsere Kinder und Enkel. Wir können vorleben, was möglich ist, wenn

Menschen beginnen, sich so zu lieben, wie Gott es von Anfang an geplant hat.

Worauf warten wir also noch? Lassen Sie uns anfangen!

Das Leben dreht sich um Beziehungen; alles andere sind Nebensächlichkeiten.

3-Minuten-Check:
Was wir verändern können

1. **Sie können den anderen nicht zwingen, sich zu verändern.** Allein der Versuch ist bereits zwecklos.

2. **Die einzige Person, die Sie verändern können, sind Sie selbst.** Das allein ist Ihre Verantwortung. Lassen Sie zu, dass Gott Sie verändert – und dann überlassen Sie ihm den Rest.

3. **Rechnen Sie mit überraschenden Entwicklungen.** Lassen Sie zu, dass Veränderung sich dort ereignet, wo wir sie am wenigsten erwarten.

Anhang

So erkennen Sie die eigene Grundangst

1. *Finden Sie heraus, worin der Konflikt liegt.* Denken Sie an einen Konflikt, einen Streit oder eine negative Situation, die Sie kürzlich in irgendeiner Beziehung erlebt haben – mit Ihrem Ehepartner, einem Freund, Kind, Nachbarn oder Kollegen. Eine Situation, die wirklich Ihren „Angstknopf gedrückt" oder Sie auf die Palme gebracht hat. Überlegen Sie: Wie haben Sie sich dabei gefühlt? Was haben Sie gewünscht, hätte der andere besser nicht gesagt oder getan? Was war für Sie so schwer zu ertragen? Vielleicht haben Sie gedacht: *Wenn du aufhören würdest, ______________________________, dann würde mich die ganze Sache auch nicht so mitnehmen.*

2. *Klären Sie Ihre Gefühle.* Wie haben Sie sich in jener Situation gefühlt? Kreuzen Sie alles an, was zutrifft, und markieren Sie dann die wichtigsten Gefühle mit einem Stern:

___ unsicher
___ unwohl
___ ängstlich
___ apathisch
___ verwirrt
___ ärgerlich
___ verblüfft
___ besorgt
___ erschrocken
___ bestürzt
___ angewidert
___ verstört
___ missmutig

___ aufgebracht
___ wütend
___ traurig
___ verbittert
___ verletzt
___ deprimiert
___ enttäuscht
___ frustriert
___ nicht ernst genommen
___ wertlos
___ bedroht
___ übersehen

___ beschämt
___ peinlich berührt
___ schuldig
___ übergangen

Sonstiges:
____
____
____
____
____
____
____

3. Bestimmen Sie die eigene Angst. Welches Gefühl hatten Sie in diesem Konflikt *von sich selbst?* Was „sagte" dieser Konflikt über *Sie und Ihre Gefühle?* Kreuzen Sie alles an, was zutrifft, und markieren Sie die wichtigsten Gefühle mit einem Stern:

✓ oder *	„Bei diesem Konflikt fühlte ich mich ..."	Dieses Gefühl sagt mir:
	abgelehnt	Der/die andere will mich nicht oder braucht mich nicht. Ich bin in dieser Beziehung nicht nötig; ich fühle mich unerwünscht.
	verlassen	Der/die andere wird mich irgendwann verlassen; ich werde allein sein und muss für mich selbst sorgen; der/die andere wird sich auf keine lebenslange Beziehung zu mir einlassen.
	als ob die Verbindung abgebrochen sei	Wir werden uns emotional voneinander entfernen; ich werde mich fühlen, als sei ich von dem/der anderen abgeschnitten.
	wie ein Versager	Ich bin kein guter Ehemann /keine gute Ehefrau, kein guter Freund, Kollege oder Elternteil; ich werde keine perfekte Vorstellung geben, ich werde den Erwartungen nicht entsprechen; ich bin nicht gut genug.
	hilflos	Ich kann nichts tun, um den anderen/die andere oder meine Situation zu ändern; ich habe nicht die Kraft, die Mittel, die Kapazitäten oder die Fähigkeiten, um das zu bekommen, was ich mir wünsche; ich werde mich von dem/der anderen immer kontrolliert fühlen.

✓ oder *	„Bei diesem Konflikt fühlte ich mich …“	Dieses Gefühl sagt mir:
	mangelhaft	Irgendetwas stimmt nicht mit mir; ich bin das Problem.
	unzulänglich	Ich kann nichts; ich bin einfach inkompetent.
	minderwertig	Jeder andere ist besser als ich; ich bin weniger wertvoll oder wichtig als andere.
	ungenügend beachtet	Wer ich bin, was ich denke, was ich tue oder wie ich fühle, wird nicht gesehen oder geschätzt.
	ungeliebt	Der/die andere kümmert sich überhaupt nicht um mich; in unserer Beziehung fehlt Zuwendung, Bewunderung, Begeisterung und Hingabe.
	unbefriedigt	In der Beziehung werde ich keine Erfüllung finden; Ich werde über die Beziehung keine Freude oder Begeisterung empfinden.
	ausgenutzt	Der/die andere wird mich nur ausnutzen oder mir etwas vorenthalten, was ich brauche; ich werde nicht das bekommen, was ich mir wünsche.
	wertlos	Ich bin nutzlos; für niemanden bin ich irgendwie von Wert.
	nicht akzeptiert	Ich werde die Erwartungen des/der anderen niemals erfüllen können; ich bin einfach nicht gut genug.

✓ oder *	„Bei diesem Konflikt fühlte ich mich …“	Dieses Gefühl sagt mir:
	verurteilt	Immer werde ich nur verurteilt; der/die andere bildet sich eine falsche oder negative Meinung von mir; immer werde ich bewertet; der/die andere akzeptiert mich nicht.
	gedemütigt	Die Beziehung zerstört langsam meine Selbstachtung und meine Würde.
	ignoriert	Der/die andere beachtet mich nicht; ich fühle mich vernachlässigt.
	unbedeutend	Ich spiele in dieser Beziehung keine Rolle; der/die andere sieht mich nicht als wichtigen Teil der Beziehung.
	Sonstige Gefühle:	

4. Identifizieren Sie die eigenen Reaktionen. Was tun Sie, wenn Sie sich ______________________ fühlen (fügen Sie hier das wichtigste Gefühl von Schritt 3 ein)? Wie *reagieren* Sie, wenn Sie so fühlen? Bestimmen Sie die gebräuchlichsten verbalen oder körperlichen Reaktionen, die sich bei diesem Gefühl zeigen.

Kreuzen Sie an, was zutrifft, und markieren Sie die wichtigsten oder häufigsten Reaktionen mit einem Stern.

✓ oder *	Reaktion	Erklärung
	Rückzug	Ich gehe anderen aus dem Weg oder ziehe mich zurück, ohne zu einer Lösung zu kommen; ich schmolle oder schweige.
	Eskalation	Meine Emotionen geraten außer Kontrolle; ich argumentiere, schreie, steigere mich in meine Wut hinein.
	Verstärktes Bemühen	Ich versuche, mich noch mehr zu bemühen, um die Liebe und Fürsorge des/der anderen zu verdienen.
	Negative Überzeugungen	Ich glaube, der/die andere ist noch schlimmer, als er/sie wirklich ist; ich sehe die Person in einem negativen Licht oder unterstelle ihm/ihr negative Motive.
	Schuldzuweisung	Ich übertrage die Verantwortung auf andere, akzeptiere die eigenen Fehler nicht; ich bin überzeugt, dass das Problem nur die Schuld des/der anderen ist.
	Übertreibung	Ich übertreibe maßlos oder lüge sogar.
	Wutanfall	Ich raste aus.
	Leugnung	Ich verschließe mich gegenüber der Wahrheit oder der Realität.
	Abwertung	Ich werte den anderen/die andere ab; es spielt keine Rolle, was er/sie denkt, fühlt oder tut.

✓ oder *	Reaktion	Erklärung
	Verteidigung	Anstatt zuzuhören, verteidige ich mich und gebe eigene Erklärungen ab.
	Klammern	Ich entwickle eine starke emotionale Bindung zum/zur anderen oder mache mich von ihm/ihr abhängig.
	Passiv-aggressiv	Ich zeige negative Emotionen, Groll und passive Aggression, z. B. Verzögerungstaktik oder Sturheit.
	Übertriebene Fürsorge	Ich mache mich verantwortlich für die andere Person durch körperliche oder emotionale Fürsorge und Unterstützung bis an den Punkt, an dem ich alles für den anderen/die andere tue. Der/die andere unternimmt nichts, um auf sich selbst zu achten.
	Suchtverhalten	Ich nehme Tabletten, rauche, trinke, gebe zu viel Geld aus oder esse übermäßig; auch exzessive Beziehungssuche kann Suchtverhalten sein.
	Lösungsfixiert	Ich konzentriere mich fast ausschließlich auf die Lösung des Problems.
	Vorwürfe und Anklagen	Ich mache deutlich, dass ich unglücklich bin; ich bringe Anklagen vor; ich kritisiere und lege eine Liste mit den Fehlern des/der anderen an.

✓ oder *	Reaktion	Erklärung
	Aggression oder Missbrauch	Ich werde verbal oder körperlich aggressiv, eventuell missbrauche ich die andere Person sogar.
	Manipulation	Ich kontrolliere die andere Person zu meinem eigenen Vorteil; ich versuche, ihn/sie so weit zu bringen, dass er/sie tut, was ich will.
	Wut und Zorn	Ich drücke massiv aus, dass ich unzufrieden bin; es kommt zu gewalttätigen oder unkontrollierten Ausbrüchen.
	Katastrophen-denken	Ich spreche in dramatischen, übertriebenen Bildern, um darzustellen, dass die Beziehung in Gefahr oder gescheitert ist.
	Betäubung	Ich bin ohne Emotionen; kann mich selbst nicht mehr fühlen; auch die Nöte und Bedürfnisse des/der anderen interessieren mich nicht.
	Humor	Ich versuche, dem anstehenden Problem aus dem Weg zu gehen, indem ich es ins Lächerliche ziehe.
	Sarkasmus	Humor wird negativ eingesetzt; ich benutze verletzende Worte, verächtliche Kommentare, schneidende Bemerkungen oder erniedrigende Aussagen.

✓ oder *	Reaktion	Erklärung
	Minimierung des Problems	Ich behaupte, die Reaktionen des/der anderen seien überzogen; ich spiele das Problem bewusst herunter, mache es kleiner, als es tatsächlich ist.
	Vernunftgründe vorschieben	Ich gebe meinem Handeln den Anschein, es sei vernünftig; ich versuche, mein Verhalten durch glaubwürdige Motive zu rechtfertigen; ich versuche, glaubhafte, aber unwahre Gründe für mein Verhalten zu liefern.
	Gleichgültigkeit	Ich bin kühl und zeige keine Anteilnahme.
	Resignation	Ich gebe die Verantwortung ab.
	Selbstaufgabe	Ich gehe mit mir selbst schlecht um; ich vernachlässige mich.

Schauen Sie sich noch einmal Ihre Antworten in der Tabelle zu Punkt 3 an und schreiben Sie die drei oder vier wichtigsten Gefühle auf. Das sind Ihre Grundängste:

Grundangst 1: ______________________________

Grundangst 2: ______________________________

Grundangst 3: ______________________________

Erinnern Sie sich: Den meisten Ängsten liegen zwei Hauptängste zugrunde:

1. Die Angst, Kontrolle zu verlieren (Einfluss oder Macht über andere zu verlieren)
2. Die Angst, die Beziehung könnte abbrechen (Trennung von Menschen, Einsamkeit)

Die erste Hauptangst, die Angst vor Kontrollverlust, findet sich bei den meisten Männern; die zweite Grundangst, die Angst vor Beziehungsverlust, dagegen bei den meisten Frauen.

Schauen Sie sich noch einmal Ihre Antworten in der Tabelle zu Punkt 4 an, und schreiben Sie die drei oder vier wichtigsten Reaktionen auf, die auftreten, wenn jemand Ihren Angstknopf drückt:

Reaktion 1: ________________________________

Reaktion 2: ________________________________

Reaktion 3: ________________________________

Durch diese Übungen sollten Sie in der Lage sein zu verstehen, wo Sie dem Beziehungskiller-Blues neuen Schwung liefern: immer dann, wenn Sie auf einen Angriff auf Ihre Grundangst mit Ihrer bisherigen Abwehrreaktion reagieren. Und damit drücken Sie normalerweise den Angstknopf des anderen. Hat der andere ebenfalls seine Grundängste und Reaktionen erkannt, werden Sie ganz deutlich Ihren Tanzrhythmus in Ihrem ganz persönlichen Beziehungskiller-Blues erkennen können. Auch wenn der andere in diesen Entdeckungsprozess nicht mit hineingenommen werden kann, können Sie doch Schritte unternehmen, um den Beziehungskiller-Blues, der sich aus der Angst speist, zum Stillstand zu bringen (s. Kapitel 4–8).